세 상 을
바로 읽는
진실의 힘

팩트
체크

경제·상식 편

세 상 을 바 로 읽 는 진 실 의 힘

팩트체크

── 경제·상식 편 ──

F A C T C H E C K

JTBC 뉴스룸 팩트체크 제작팀 지음

중앙books

한 발 늦은 뉴스지만
누구보다 한 걸음 더

《팩트체크》후속권을 막 탈고한 이후 팩트체크가 방송 300회를 맞았다. 팀의 후배가 단체 채팅방에서 알리지 않았다면 모르고 넘어갈 뻔했다. 지난 100회 나 200회 방송은 모두 특집으로 준비했다. '시청자들이 꼽은 팩트체크 베스트'를 소개하거나 '팩트체크를 체크한다'는 제목으로 이른바 뉴스 애프터서비스를 하기도 했다. 하지만 300회 때는 아무것도 준비하지 못했다. 어차피 매일 하는 코너, 100회 단위마다 특집을 할 필요가 있겠느냐는 생각도 있었지만, 다른 이유도 컸다. 200회까지 느꼈던 뿌듯함과 감동이 막상 300회가 되니 부담감으로 바뀌었다. 횟수가 거듭되는 만큼 본래의 취지를 잘 살리고 있는지, 성과를 내고 있는지에 대한 두려움도 있었다.

지난해 11월《팩트체크》를 책으로 낸 후 후속권을 펴내기까지 많은 일들이 있었다. 나라 밖에선 일본이 결국 헌법을 개정해 '전쟁을 할 수 있는 나라'가 됐고, 북한은 4차 핵실험에 로켓까지 발사하며 한반도의 긴장감을 높였다. 대선 레이스가 본격적으로 시작된 미국에서는 공화당 대선 주자 도널드 트럼프가 쏟아내는 엄청난 양의 막말을 현지 팩트체커들이 미처 따라잡지 못하는 모습이다. 나라 안에선 여야 할 것 없는 희대의 공천 파동 끝에 20대 총선이 치러졌고, 예상치 못한 여당의 참패로 끝나면서 16년 만에 '여소야대' 정국이 됐다.

후속권 집필 과정은 그동안 팩트체크에서 이런 대내외적인 변화를 제대로 다뤘는지 되짚어보는 계기가 됐다. 격려와 칭찬에 뿌듯한 적도 있지만 아쉬운 적도 많았다. 누군가를 속 시원하게 한 적도 있겠지만 서운하게 만든 경우도 적지 않았다. 기자가 된 이상 누구도 서운하지 않게 한다는 것은 불가능하다. 하지만 취재가 부족하고 집중력이 떨어져 팩트가 흔들릴수록, 누군가의 서운함은 더 커진다는 것이 그간 팩트체크를 하면서 깨달은 바다. 그 아쉬움과 부족함의 무게를 가늠할 수 없기에 책으로 엮어 내는 일은 여전히 조심스럽다.

2016년 4·13 총선을 즈음해 온·오프라인의 여러 매체에서 '팩트체크'라는 이름이 부쩍 많이 등장했다. 여러 국회의원 후보들의 거짓말을 잡아냈고, 정부 발표의 은폐된 진실을 밝혀내는 데 많은 팩트체커들의 수고가 있었다. 물론 전부터 이런 코너를 운영하던 매체도 있지만, 팩트체크라는 뉴스 포맷을 유권자들에게 좀 더 친숙하게 하는 데는, 〈JTBC 뉴스룸〉의 팩트체크가 상당 부분 기여하지 않았나 생각해 본다. 후속권을 결심하게 된 것도 이런 이유에서다.

이번 《팩트체크 경제·상식 편》에서는 우리 생활에서 무심코 지나칠 수 있는 유용한 정보들을 집중적으로 담아내려 한다. 첫 책이 모든 분야를 다루 었다면, 두 번째 책부터는 뉴스 분야를 좀 더 세분화하여 담아보려고 했다.

'한 걸음 더 들어간 뉴스'.

2013년 봄, 손석희 앵커가 JTBC에 처음 왔을 때 기자들과 만난 자리 에서 꺼낸 말이다. 팩트체크가 누군가에게 잘못 알려진 것을 바로잡는 포맷 이다 보니, 이미 조간에 실린 기사나 온라인상에 퍼진 내용이 중요한 취재 대상이 된다. 항상 속보만을 좇았던 기자에겐 낯선 일이었지만 지금은 분명 히 비중 있는 저널리즘의 한 분야로 자리 잡았다. 태생상 '한 발 늦은 뉴스' 일 수밖에 없지만 누구보다 '한 걸음 더 들어갈 수 있는 뉴스', 그것이 바로 팩트체크다.

2016년 7월

JTBC 뉴스룸 '팩트체크' 김필규 기자

무모한 도전, 수많은 난관을 극복한
팩트체크팀 영원하길

누가 봐도 무모한 도전이다. 팩트를 매일 체크한다니…. 그런데 팩트체크팀은 그 일을 매일 해왔다. 듣자 하니 전 세계에서 매일 팩트체크를 하는 방송은 우리밖에 없단다.

이 코너는 처음 제안이 있었을 때는 실현되지 않았다. 도무지 가능할 것 같지 않아서였다. 당시는 〈뉴스룸〉이 아닌 〈뉴스9〉 시절이었다. 우선은 방송 시간이 짧아 뉴스 내에서 팩트를 체크할 만한 충분한 시간 확보가 불가능했다. 그리고 무엇보다도 우리의 역량이 충분치 못했다. 그래서 개편 아이디어로 나온 것을 그냥 묵혀두게 된 것이었다. 그로부터 꼭 1년 뒤인 2014년 9월에 〈뉴스룸〉이 출범하면서 '팩트체크'는 살아났다. 두 가지가 있었기에 가능했다. 첫째는 김필규 기자라는 존재이고, 둘째는 그와 함께 일하는 제작진의 열의와 헌신이다.

김필규 기자는 원래는 중앙일보로 입사한 신문기자였다. 그러나 방송기자로서의 자질도 이미 뉴스에서 증명해 보여주고 있었다. '팩트체크' 코너를 만들기로 했을 때 나는 사실 담당 기자를 택하는 데에 그리 많은 시간을 들이지 않았다. 다른 기자들도 모두 동의해 주었다. JTBC 기자들은 각각의 영역에서 매우 뛰어나다. 취재, 중계, 제작, 토크 등에서 모두가 특장점이 있어 다른 공중파들의 절반도 안 되는 인력으로 그들을 능가하는(적어도 내 생각으로는 분명히 그렇다) 방송뉴스를 만들어 낸다. 그러나 '팩트체크'는 나나 누구든 김필규를 떠올렸다. 그렇다. 때로 방송쟁이들은 치밀하거나 과학적이지 않다. 그냥 느낌, 소위 말하는 감으로 선택할 때가 많은데 이상하게도 그렇게 해서 성공한 사례가 많다. 하지만 가만 생각해보면 무조건 감으로 그를 떠올렸던 것은 아니다. 그는 취재기자로서뿐 아니라 연출가적 자질도 보여주고 있었다. 그는 지금도 방송되고 있는 〈다섯시 정치부 회의〉의 산파였고 연출자였다. 지금의 〈다정회〉가 갖고 있는 독특한 포맷과 탄탄한 구조는 김필규와 기자들이 만들어낸 것이다.

제작진으로는 작가 두 사람이 합류했다. 임경빈 작가는 〈다섯시 정치부 회의〉에서 김필규 기자와 함께 일한 작가였다. 처음부터 '팩트체크'로 옮겨오길 열망했을 정도로 코너에 대한 애착이 컸다. 박수주 작가는 〈뉴스룸〉의 전신인 〈뉴스9〉 시절부터 출연자 섭외 등을 맡아서 일했는데, 평소에 지켜보던 바 일에 대한 집요함이 있어서 '팩트체크' 작가로서 적역이라고 보았다.

대부분의 방송쟁이들이 그렇지만, 팩트체크팀도 비록 주중에만 방송된다 하나 주말이 없다. 끊임없이 체크해야 할 대상들을 찾아내야 하기 때문이다. 집에서나 회사에서나 늘 무엇인가를 찾아내야 하는 강박 속에서 산다는 것은 쉽지 않은 일이다. 그렇게 해서 대상을 찾았다 해도 그것이 팩트냐 아니냐를 검증하는 것은 더욱더 어려운 일이다. 인터넷을 검색하고 논문을 찾아보기도 하며, 걸핏하면 해외 인물들과의 인터뷰도 감행해야 한다. 그것도 대개 하루에 하나가 아닌 두세 개의 팩트체크 거리를 준비해야 안심이 되는 불쌍한(?) 존재들이다. 어디 그뿐이랴. 매일 아침이면 그 두세 개의 아이템들을 보고받고, '딴 거 더 찾아봐'라고 가볍게 비토를 놓거나, 그렇게 준비해서 들어간 방송에서 툭하면 돌발 질문에 '숙제'까지 던져주는 나쁜 앵커도 있다.

이 모든 난관을 뚫고 책까지 내게 된 팩트체크팀이여 영원하라….

덧붙임: 독자들이 잘 모르는 사실 몇 가지. 김필규 기자의 둘째 아들은 '팩트체크'와 태어난 날이 같다. 그래서 김 기자는 둘째가 세상에 나오는 현장에 있지 못했다. 박수주 작가는 일을 쉬고 있지만 여전히 팩트 찾기 직업병에 시달리고 있단다. 박 작가 대신 차지혜 작가가 새롭게 합류했는데 밥 먹을 때는 늘 내가 안 보이는 쪽에 앉아서 먹는다. 이 코너를 제작하는 이진우 프로듀서는 노래를 워낙 잘해서 노래방에선 그 복잡한 랩을 한 번도 틀린 적이 없으며 방송 화면에서는 딱 두 번밖에 오타를 내지 않았다. 늘 인상적인 컴퓨터 그래픽 화면을 만들어내는 이지원 씨는 집이 군부대 내에 있어서 출퇴근 때마다 위병소를 통과하는 매우 특별한 디자이너다.

손석희 JTBC 보도담당 사장

거짓 정보의 공해 속에서
팩트에 귀 기울여 주길

'팩트체크'라는 코너를 만들어보라는 이야기를 처음 들었을 때, 머릿속에선 할 수 없다는 이유가 100가지나 떠올랐다. 설사 시작하더라도 몇 개월 못 버티고 끝날거라는 생각마저 들었다. 그만큼 위험하고 방송에서는 구현 불가능한 포맷이라는 걱정이 앞섰던 것이다.

팩트체크는 미국 미디어에서 먼저 시작된 분야다. 주로 선거 기간 등에 정치인들이 내놓은 발언을 검증하는데, 워싱턴포스트는 그 거짓말 정도에 따라 피노키오 개수를 부여한다. 탬파베이타임스의 '폴리티팩트(PolitiFact)'에서는 '진실-반만 진실-반은 거짓-거짓'으로 구성된 '진실게이지(Truth-O-Meter)'로 판정을 내린다. 면전에 대고 "당신 거짓말 하고 있소"라고 이야기하는 셈이니 정치인들 입장에선 팩트체커들이 달가울 리 없다. 그런 이유에서 팩트체크는 항상 정파성 논란에 휘말리기도 한다. 정치적 의도를 가지고 특정 진영을 공격하는 수단으로 활용된다는 것이다. 특히 온라인 매체 위주로 팩트체크가 진행되다 보니 그런 비판의 여지가 더 많은 면도 있다.

이런 배경을 알고 있기에 방송이라는 매체를 통해서는, 특히 사소한 실수에도 심의와 소송의 위협이 도사리고 있는 국내 미디어 환경에선 팩트체크라는 포맷을 도입한다는 것이 무모하다는 판단이 들었다. 하지만 개편 과정에서 이런 항변은 받아들여지지 않았다. 오히려 '5분 이상, 매일 해야 하며, 다른 기자와 번갈아 하지 말고 혼자 진행해야 한다'는 조건만 덧붙여졌다. 구성이나 제작 방식 역시 알아서 하라는 지시였다. 퇴로는 없었다.

결국 여러 고민 끝에 '한국판' 'TV판' 팩트체크에서는 소재를 정치인의 발언에 한정 짓지 않고 다양한 분야로 넓히기로 했다. 경제 통계의 오류, 잘못된 건강 상식, 납득하기 힘든 사건 판결 등을 모두 팩트체크의 영역으로 삼았다. 그리고 복잡한 주제를 다루더라도 방송의 긴장감을 유지할 수 있도록 손석희 앵커와 대화를 주고받는 방식을 택했다. 그렇게 2014년 9월 22일 첫 방송이 시작됐고, 당초 '기대'와 달리 팩트체크는 1년을 지나, 200회를 넘어 지금 이렇게 책으로까지 나오게 됐다.

_____**팩트체크의 하루**

팩트체크의 하루는 오전 8시에 시작해 밤 10시에 끝난다. 사무실로 출근해 조간과 인터넷으로 화제가 되고 있는 소식들을 확인한 뒤 준비한 그날 기삿거리를 가지고 보도총괄과 각 부장들이 참석하는 아침 편집회의에 들어간다. 이곳에서 그날 아이템이 정해지면 곧장 팩트체크 팀원들과 함께 취재 방향을 논의한 뒤 본격적인 업무에 들어간다. 취재한 내용을 바탕으로 오후에 1차 기사 작성을 마치면 PD, 그래픽디자이너와 함께 구성 회의를 시작한다. 아무리 좋은 내용이라도 시청자들에게 어렵다면 아무 소용이 없다. 그래서 가장 이해하기 쉬운 전달 방식을 찾아내는 게 이 회의의 관건이다(복잡한 이론을 애니메이션으로 설명하거나 덜 익은 돼지고기를 직접 먹어본 것, 앵커와 직접 셀카봉으로 사진을 찍어보는 등의 아이디어도 이런 취지에서 나온 것이다).

논의된 구성 방식에 따라 기사를 최종 완성하는 시간이 보통 오후 5~6시. 앵커와 함께 기사 내용을 점검한 뒤 간단한 저녁식사를 마치면 어느새 방송 들어갈 시간이다. 하루가 빡빡하게 돌아가기 때문에 사전 제작은커녕, 리허설을 해볼 시간도 없다. 거의 '날방송'을 하는 셈이지만 '방송 9단' 앵커의 리드 덕분에 자연스럽게 잘 진행되어왔다.

이렇듯 '방송을 통해' '매일 하는' 팩트체크는 다른 나라 팩트체커들이 보기에도 이례적이었던 모양이다. 영국 런던에서 31개국 70여 팩트체커들이 참석했던 '글로벌 팩트체킹 서밋(Global Fact Checking Summit)'에서도 한국 JTBC의 팩트체크에 대해 많은 이들이 관심을 보였다. 폴리티팩트의 설립자로서 지금은 듀크대 언론정보학과에서 강의하고 있는 빌 아데어(Bill Adair) 교수는 "팩트체킹은 세계 각지에서 '책임 저널리즘'의 강력하고 중요한 새로운 형태로 자리 잡았다"라면서 "팩트체크의 다음 영역은 방송인데 그런 면에서 JTBC 팩트체크가 훌륭한 모델"이라고 평가하기도 했다.

_____귀이개, 사이다, 효자손

팩트체크 200회 특집으로 '팩트체크에 바라는 점'에 대한 온라인 설문조사를 진행했는데 거기서 나왔던 팩트체크에 대한 표현들이다. 아마도 시청자들의 목마름을 해소해주고 가려운 곳을 긁어줬다는 평가인 듯하다. 간혹 방송 후 인터넷 댓글이나 SNS를 통해 'JTBC가 있어줘서, 팩트체크가 있어서 고맙다'

는 글을 남기는 분들도 있다. 매일 매일 채워야 하는 분량 때문에 허덕이고 방송 후엔 항상 아쉬움을 삼키며 스튜디오를 나서는 입장에선 과분하면서도 반성케 하는 반응이 아닐 수 없다.

앞서 팩트체크라는 포맷에 대한 여러 어려움을 언급했지만, 사실 가장 부담이 되는 것은 코너명에 있는 '팩트'라는 단어다. 흔히들 팩트를 이야기하지만 그 단어가 가지고 있는 무게감은 상당하다. 그래서 심지어 사석에서, 회사 동료들과 잡담을 하다가도 "팩트체커가 팩트를 틀렸네"라는 말은 항상 스트레스가 된다. 방송 직전이라도 한 번 더 전화해 보고, 한 번 더 확인하고, 기사에 쓴 단어 표현 하나도 다시 짚어보게 되는 것도 그런 이유에서일 것이다.

이제 15년 차 기자가 되지만 아직도 이런 코너를 진행하기에 부족함을 많이 느낀다. '분석기사의 달인'이라는 모 주간지 기자, 경제 현안 설명에 있어서 타의 추종을 불허한다는 모 방송사 기자, 오랜 정치부 경험으로 정치인의 말 바꾸기를 콕 집어내는 모 신문사 기자가 부러울 때가 많다. 그럼에도 이 책을 기획하게 된 것은 그동안 다뤘던 이슈들을 다시 한 번 되짚어보며 앞으로 더 나은 팩트체크를 만들어보자는 취지에서다. 또 전파를 통해선 짧게 스쳐 지나갔던 내용들을 한데 묶음으로써 이제 걸음마 단계인 한국에서의 팩트체크에 대한 기록을 남기고자 함도 있다.

인터넷, 모바일 시대에 쏟아지는 정보의 양은 어마어마하다. 그러다 보니 거짓 정보, 필요 없는 쓰레기 정보도 참 많다. 디지털 시대에는 진실이 드러나지 못하는 일이 없을 거라고 봤는데, 워낙 거짓 정보가 많다 보니 드러난 진실도 묻혀서 사라지는 경우가 많아졌다. 어쩌면 예전보다 더 혼탁한 상황인지 모르겠지만 그래도 어찌 보면 팩트체크가 등장할 수 있었던 것도 이런 거짓 정보의 공해 덕분이다. 완전히 새로운 소식은 아니더라도, 참과 거짓을 가려주는 뉴스에 많은 시청자들이 귀를 기울여준 것이다.

지금 미국에는 44개 언론매체와 기관에서 팩트체크를 하고 있다. 유력 정치인이라면 내놓는 발언마다 수술메스를 들고 달려드는 이들을 상대해야 한다. 그러다 보니 백악관에는 팩트체커들만 전담해 상대하는 2명의 스태프가 있고, 힐러리 클린턴을 비롯한 각 대선 주자 캠프에서도 팩트체커 전담 보좌관을 두고 있다. 내년 총선과 그 다음 해 대선을 앞두고 있는 한국에서도 이처럼 팩트체크가 활성화되기를 바라는 마음 역시 이 책의 기획 의도 중 하나다.

그리고 JTBC 팩트체크가 앞으로 나올 여러 팩트체커들 가운데 진정 시원함을 주는 귀이개, 사이다, 효자손이 될 수 있도록 노력하겠다는 다짐 또한 이 책을 내면서 다시금 해보게 된다.

JTBC 뉴스룸 '팩트체크' 김필규 기자

차 례

1장   우리는 무엇을 놓치며 살고 있는가

3장　현재를 산다면 반드시 알아야 할 것들

우리는 무엇을 놓치며 살고 있는가

포털 뉴스의 시각은
정치적으로 편향된 걸까

'힐러리 클린턴을 민주당 대선 주자로'

미국 〈뉴욕타임스〉의 2016년 1월 30일 사설 제목이다.
세계적인 유력 일간지가 대선 후보 경선 일정을 앞두고
클린턴 전 국무장관을 공개 지지하고 나섰다.
게다가 〈뉴욕타임스〉가 클린턴 지지를 선언한 것은 이번이 세 번째.
'언론의 중립'을 중시하는 우리로서는 상상하기 힘든 풍경이다.

실제로 한국에서는 선거철이건 아니건
언론의 중립 문제가 자주 입길에 오르내린다.
그런데 여기에 최근에는
'언론 위의 언론'으로 불리는 온라인 포털 사이트까지 더해졌다.

특정 포털 사이트가 지나치게 정파적인 뉴스를 올리고,
독자들이 영향을 받을 위험이 높다는 주장이 나온 것이다.
집권 여당 대표까지 나서서 포털 사이트들을 강력 성토하는데
포털 뉴스는 정말 정치적으로 편향됐을까?

네이버 · 다음 **이명박 홍보사이트 우려**

2007년 10월

"새누리, 네이버 실검 조작의혹 제기"

2012년 9월

"여당에 불리한 기사는 볼드체 강조"

2013년 7월

"모바일 뉴스, 야당 유리하게 편집"

2014년 8월

김춘식 교수 한국외대 미디어커뮤니케이션학부

언론이 정책의 문제를 제기한 거라면 그것은 비판이라고 볼 수 없는 것이고
언론의 기본적 역할을 수행한 것이라고 봐야 하는 거죠.

매해 국정감사에서는 어떤 증인을 국회 증언대에 세울지를 두고 격론이 벌어진다. 2015년 국정감사에서는 특히 IT업계 경영진을 증인으로 채택하는 문제를 놓고 격론이 벌어졌다. 네이버, 다음 등 포털 사이트의 CEO를 증인으로 불러 정치적 편향성 문제를 따져 물어야 한다는 주장이 여당에서 제기된 것이다.

이 문제를 촉발시킨 서강대 커뮤니케이션학부 최형우 교수팀의 연구에 따르면, 포털에 올라오는 뉴스기사들이 대체로 정부·여당을 향한 부정적 내용이었다고 한다. 2015년 1월부터 6월까지 6개월 동안 두 포털 모바일뉴스에 올라온 기사 5만여 건을 분석한 결과, 기사 중 23%가 부정적 표현의 제목을 달고 나갔는데, 이 중 정부·여당을 대상으로 한 게 1000여 건, 야당을 대상으로 한 게 147건이었다. 정부·여당을 향한 부정적 기사가 7대 1 정도로 많았다는 결론이다.

또 이 기간 새누리당 김무성 당시 대표와 새정치연합 문재인 당시 대표의 등장 빈도를 비교했을 때는, 야당 대표인 문 대표의 기사가 더 많았다는 내용도 포함되어 있었다.

포털의 부정적 표현 기사 비율

NAVER 3만482건   DAUM 1만9754건

71.5%   5%(긍정)

중립   부정   23.4%

1029건 정부·여당

147건 야당

자료: 최형우 서강대 교수 (2015년 1~6월)

여야 관련 기사 제목 부정적 표현 사용 비율

	여당	야당
NAVER	23.3%	23.4%
DAUM	19.1%	19.6%

자료: 최형우 서강대 교수

NAVER

올 상반기 여야 대표 관련
포털 모바일 뉴스에 오른 기사량

새누리당
김무성 45건

실제 언론사에서 17만8130건
제공한 기사량 20만1472건

새정치민주연합
문재인 66건

자료: 최형우 서강대 교수·네이버

이 연구를 발주한 새누리당 싱크탱크 여의도연구원의 부원장인 이재영 의원은 네이버나 다음 모두 전체적으로 편향적이었는데, 이는 한국 언론학계에서 최고 권위를 가진 분들의 의견이라며 본격적으로 문제를 제기하고 나섰다.

_____ **뉴스를 분류하는 기준**

그런데 제목만 보고 긍정과 부정, 중립적인 기사를 나누는 방식으로 분류한 연구 내용에 대한 문제 제기가 나왔다.

예를 들어 성완종 리스트와 관련해 '돈 받은 쪽 지지 못해'라는 제목의 기사는 정부·여당에 부정적인 기사, '정동영, 야권 분열 독박 무릅쓰고 출마 강행'은 야당에 부정적인 기사, '여야 김영란법' 협상 급물살. 오늘 타결될까' 같은 것은 중립적인 기사로 분류했는데, 이것이 과연 적절한 분류인지 모호한 면이 다분했다.

연구를 진행한 최 교수 측에서는 석·박사급 연구원들이 분류 작업에 참여해 사회과학적 방법론에 따라 진행했다는 입장을 밝혔다.

또 하나 생각해볼 부분은 분류 자체를 '정부·여당 대 야당'으로 나눈 게 과연 적절했느냐는 것이다. 포털이 새누리당에 부정적이었다는 기사들을 보면 'KTX 수출길 막는 정부, 11년간 한 대도 못 팔았다', '최신 핸드폰은 안 먹혀. 먹통 앱 방치하는 정부 3.0'처럼 정부를 비판하는 기사도 포함되어 있다. 또 제주 4·3 사건과 관련해서는 '박근혜 대통령 2년째 불참. 희생자 재심의 논란 탓?'처럼 청와대를 비판하는 기사도 들어 있었다.

반면 야당 카테고리에는 '새정치연합과 정의당 정도가 묶여 있었기 때문에, 이런 분류로 숫자를 비교하는 것은 적절치 않다'는 지적도 나왔다. 당 대 당으로 비교하지 않고, 정부·여당을 한 몸으로 묶어서 보니 기사 개수가 많아질 수밖에 없었다.

실제 여당과 야당으로만 비교하면 결과가 달라진다. 포털에서 다룬 건수는 여당 쪽 기사가 훨씬 많았는데, 제목에서 부정적인 표현을 쓴 비율은 엇

정부·여당 부정적	중립	야당 부정적
"돈 받은 쪽 지지 못 해" "야당은 떳떳하나"	여야, 김영란법 협상 급물살	정동영, 야권분열 '독박' 무릅쓰고 출마 강행
KTX 수출길 막는 정부, 한 대도 못 팔아		
'먹통 앱' 방치하는 정부 3.0		
박 대통령, 2년째 불참		

자료: 최형우 서강대 교수

비슷했다. 네이버의 경우 여당 관련 기사의 23.3%, 야당 관련 기사의 23.4%가 부정적인 제목이었다. 다음 역시 여당 19.1%, 야당 19.6%로 비슷한 수준이었는데, 비교군을 바꾸면 편향성이 발견되지 않는 결과가 나오는 셈이다.

결국 여당과 정부를 한 몸으로 보느냐 마느냐 하는 문제가 남는데, 이것은 저널리즘의 본령과 관련이 있다. 정부에 대한 비판은 일종의 권력에 대한 비판, 견제 기능을 한다는 것이 보편적인 상식이다. 그걸 전부 여당과 한 몸으로 묶어 뭉뚱그려서 계산할 수 없다는 반론이 충분히 가능하다.

보고서에서 제기한 또 다른 문제는 뉴스를 포털에 싣는 과정에서 의도적으로 여당에 불리한 것을 더 많이 실었다는 주장이다. 여당에 불리한 내용과 야당에 유리한 내용을 일부러 부각시켰다는 것인데, 실제 그런지를 알아내려면 전체 매체에서 나온 기사를 전수조사해야 하기 때문에 쉬운 일이 아니다. 포털에서도 뉴스 노출 알고리즘을 인위적으로 조작하지 않는다는 점을 강조하고 있다.

다만 보고서에서 양당 대표의 기사 노출이 편향되었다는 지적은 검증이 가능했다. 네이버의 경우 김무성 대표 기사가 45건, 문재인 대표 기사의 경우 66건이 노출됐는데, 네이버에 확인해본 결과 이 기간 각 언론사에서 들어온 두 대표 관련 기사 자체가 17만 건 대 20만 건으로 문 대표 쪽이 훨씬 더 많았다. 결국 비율로 따졌을 때는 들어온 대로 나간 것이라고 할 수밖에 없다.

한국외대 미디어커뮤니케이션학부 김춘식 교수는 언론이 정책의 문제점을 짚는 것은 부정적 비판이 아니라 기본적 역할을 수행한 것으로 봐야 한다고 지적했다. 또한 뉴스를 직접 생산하지 않는 포털이 편향적이라고 하는 것도 지나친 책임을 요구하는 것이라고 김 교수는 말했다. 제공받은 뉴스를

최형우 서강대 교수
"이번 연구결과로
포털이 '친 야당적'이라고
말할 수 없다"

최형우 서강대 교수
"뉴스콘텐트 유통에서
포털의 문제를
논의해 보자는 취지"

분류·배열한 것만을 가지고 편향성 문제를 제기하기엔 근거가 빈약하다는 것이다.

연구를 진행한 서강대 최형우 교수 역시 "뉴스 콘텐트 유통에 있어 포털이 가지고 있는 문제를 논의해보자는 취지에서 진행한 연구이지, 이번 연구 결과를 가지고 포털이 친야당적이라고 말할 수 없다"라고 팩트체크 측에 입장을 밝혔다.

최근 한국에서 만들어지는 뉴스가 포털의 강력한 영향권에 있는 것이 사실이기 때문에, 매번 포털에 대한 논란이 생기는 것도 피할 수 없는 일이다. 하지만 그렇다고 포털의 중립성 문제를 각자 입맛에 맞춰 호도하는 주장은 문제 해결에 별 도움이 되지 않는다. 뉴스 유통에 대한 문제를 바로잡는 일은 분명 필요하지만, 자칫 비판의 목소리를 포털을 옥죄는 수단으로 사용해선 안 될 것이다.

일본 대사관 앞 소녀상 설치는
현행법 위반인가

거칠게 잘린 머리카락.
단호한 표정을 짓고 있는 앳된 얼굴.
꼭 쥔 작은 주먹과 발뒤꿈치가 들린 맨발.

주한 일본대사관 앞에 위치한
평화의 소녀상 모습이다.
제국주의 일본군에 온갖 고초를 당하고 돌아왔지만
끝내 고향에서도 받아들여지지 않은
위안부 할머니들의 모진 세월을 상징한다.

하지만 바로 그 때문에 평화의 소녀상은
입안의 가시 같은 존재로 여긴 일본 정부는
한국 측에 지속적으로 철거를 요구해왔다.

이 소녀상이 한 · 일 위안부 합의를 기점으로
또다시 철거 논란에 휩싸였다.
70년 전에도 고향에 발을 온전히 딛지 못했던 소녀는
이번에도 또 쫓겨나야 하는 걸까?

윤병세 장관 외교부 (어제)

한국 정부는 일본 정부가 주한일본대사관 앞의 소녀상에 대해
공관의 안녕, 위험의 유지라는 관점에서 우려하고 있는 점을 인지하고

윤병세 장관 외교부 (어제)

한국 정부로서도 가능한 대응 방안에 대해 관련 단체와의 협의 등을 통해
적절히 해결되도록 노력한다.

"한국 정부는 일본 정부가 주한 일본대사관 앞의 소녀상에 대해 공관의 안녕, 위험의 유지라는 관점에서 우려하고 있는 점을 인지하고, 한국 정부로서도 가능한 대응 방안에 대해 관련 단체와의 협의 등을 통해 적절히 해결되도록 노력한다."

2015년 12월 이뤄진 한국과 일본 정부의 '위안부 합의' 당시 윤병세 외교부 장관이 발표한 내용이다. 발언 내용을 놓고 여러 해석이 엇갈렸지만, 결국 평화의 소녀상이 철거되는 것인지 여부가 핵심적인 관심사항이다.

일본은 소녀상의 존재를 불편해하면서 끊임없이 철거를 요구해 왔다. 게다가 한·일 합의 내용을 발표한 이후에 기시다 후미오 일본 외무상은 "적절히 이전되는 것으로 알고 있다"라고 발언해 논란을 키웠다. 그렇다면 정말 평화의 소녀상은 이전이 될 가능성이 있는 걸까? 정부가 옮기겠다고 하면 옮길 수 있는 것일까?

_____한국과 일본의 주장

일본 측은 소녀상을 일본대사관 앞에 설치한 것 자체가 국제법과 국내법을 모두 위반한 것이라고 주장한다. 소녀상이 대사관 앞 인도를 점유하고 있고, 이를 중심으로 집회가 열리는 것이 '집회와 시위에 관한 법률' 위반이라는 것이다.

현재 집시법상으로는 국회나 법원, 청와대 같은 주요 시설의 100미터 이내에서는 집회나 시위를 할 수 없게 돼 있다. 기존에는 이 주요 시설에 외교공관도 포함됐었는데, 그럴 경우 서울 도심에서는 집회를 할 만한 곳이 다 사라지게 돼 '집회의 자유를 지나치게 제약한다'고 해서 헌법 소원이 제기됐고, 2003년 위헌 결정이 났다. 그 결과 법이 개정되면서 외교공관 앞에서의 집회가 지금은 가능한 상황이다.

하지만 완전히 자유롭게 허용된 게 아니라 단서조항이 붙어 있다. 집시법 11조에 따르면 '해당 외교기관의 기능이나 안녕을 해칠 우려가 없다고 인정되는 때, 대규모 집회나 시위로 확산될 우려가 없을 때' 집회를 허용한다

집회 및 시위에 관한 법률 11조
(옥외집회와 시위의 금지 장소)
1. 국회의사당, 법원, 헌법재판소
2. 대통령 관저, 국회의장·대법원장·헌재소장 공관
3. 국무총리 공관
4. 외국 외교기관이나 외교사절 숙소

집회 및 시위에 관한 법률 11조
(외교기관 앞에서 집회·시위 가능한 경우)
외교기관의 기능이나 안녕을 침해할 우려가 없다고 인정되는 때
- 해당 외교기관 대상이 아닌 경우
- 대규모로 확산될 우려 없는 경우
- 휴일에 개최되는 경우

고 되어 있다.

물론 현재 소녀상을 중심으로 열리는 수요집회를 보면, 대규모로 확산 되거나 대사관의 안녕을 침해할 정도의 우려가 있다고 보기는 힘들다. 하지 만 결국 이런 단서조항은 해석하기 나름이기 때문에 상황이 달라질 가능성 이 있다는 우려는 늘 있다.

민주사회를 위한 변호사 모임에서 활동해온 박주민 변호사는 경찰이 법 조항을 빡빡하게 해석할 경우를 걱정했다. 그는 "실제로 경찰들이 광화문 쪽 의 집회를 금지하는 이유 중 하나로 드는 것이, 미국대사관 경계에서 100미 터 이내라는 점이다. 이 때문에 많은 집회들이 열리지 못한다"라면서 상황에 따라 얼마든지 불법화할 가능성이 있다는 점을 지적했다.

결국 현행 국내법상 소녀상이나 집회에 문제는 없지만, 결국 이게 불법 이 되느냐 아니냐는 상당 부분 경찰 판단에 달린 주관적인 것이기 때문에, 일 본 정부가 형평성 문제를 제기할 수도 있다는 얘기다.

국제법에서 관련된 부분은 1971년 각국 관계에서의 규범들을 정리해 국제법으로 만든 '빈 협약'에 들어 있다. 협약 22조 2항에는 '접수국은 공관 품위의 손상을 방지하기 위해 모든 조치를 취할 특별한 의무를 가진다'고 규 정했다. 이를 근거로 정갑용 영산대 법학과 교수는 "일본 외교관 입장에서 외 교 특권에 대한 간접적 침해로 보고 소녀상을 철거해달라는 주장을 할 수 있 다"라는 해석을 내놓았다. 그리고 실제 일본에서도 동일한 주장을 하고 있다.

일본 정부는 대사관 앞의 소녀상이 일본과 외교관들의 품위를 손상시 키고, 대사관의 안전을 위협한다고 이야기할 수 있는 것이다. 하지만 여기서 도 역시 품위나 안전에 대한 기준을 무엇으로 볼 것이냐에 대해서 의견이 다를 수 있다.

외교부 동북아국장을 지낸 조세영 동서대 특임교수는 강제성이 없는 빈 협약을 통해 소녀상 철거를 주장하는 것에 의문을 제기한다. 공관의 존엄을 해쳐서는 안 된다고 하지만, 국제사회에서 어느 경우가 이에 해당하는지 심판해줄 사람이 없기 때문이다. 결국 "국제무대에서 객관적인 기준이 있는 것도 아니고, 계속 쟁점으로 남을 것"이라는 게 조 교수의 이야기였다.

한국외대 이장희 명예교수 역시 "빈 협약 22조는 외교관이 그 나라에서

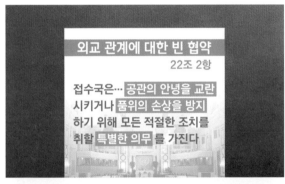

외교 관계에 대한 빈 협약
22조 2항

접수국은… 공관의 안녕을 교란 시키거나 품위의 손상을 방지 하기 위해 모든 적절한 조치를 취할 특별한 의무 를 가진다

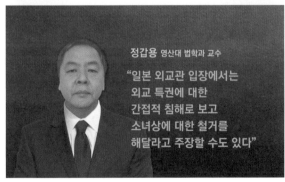

정갑용 영산대 법학과 교수

"일본 외교관 입장에서는
외교 특권에 대한
간접적 침해로 보고
소녀상에 대한 철거를
해달라고 주장할 수도 있다"

이장희 한국외대 명예교수

"빈 협약 22조의 취지는
외교 공관의 불가침 특권을
보호해준다는 것.
소녀상이 불가침을 해치거나
업무에 방해를 주지 않는다"

안전하게 효율적으로 업무를 할 수 있게 하자고 만든 것이지 이런 상황에 대처하라고 만든 게 아니다"라고 입법취지 차원에서 반박했다.

또 한·일 외교장관 회담에서 한국 측은 '관련 단체와 협의 등을 통해 적절히 해결되도록 노력하겠다'고 했지만, 이 정도 표현을 가지고 실제 철거, 이전할 의무는 없다는 게 대부분 외교 전문가들의 분석이었다.

최근 국제사회에서 한국의 위안부 소녀상과 비교될 만한 이슈가 있었다. 케냐에 세워진 독립투쟁 기념 동상이다. 이 기념상은 1950년대 영국 식민체제에 맞서다 1만여 명이 투옥되고 고문당해 죽은 '마우마우 봉기'를 기억하기 위해 2015년 9월 수도 나이로비에 세워졌다. 영국 정부는 피해자들에게 수백억 원을 배상했음에도 추가로 이 동상 제작에 직접 지원했다.

2013년 6월 윌리엄 헤이그 전 영국 외무장관은 "영국 정부는 식민 통치 당국이 케냐인을 상대로 저지른 고문과 가혹행위를 인정한다. 케냐에서 발생한 가혹행위와 이로 말미암아 케냐 독립운동에 차질을 준 것을 진심으로 유감스럽게 생각한다"라고 하면서 5228명의 피해자들에게 총 1990만 파운드

(364억 원)의 배상금을 지급하고 조형물을 설치하기로 했던 약속을 지킨 것이다. 한·일 합의가 끝나자마자 발뺌을 하면서 다시 과거사를 부정하고, 위안부 피해자들을 모욕하기 시작한 일본 정부의 태도와 확연히 비교되는 대목이다.

일본은 한·일 외교장관 회담의 합의 결과가 최종적·불가역적이라는 점을 강조하면서 더 이상 논란이 없기를 바란다고 했다. 하지만 정말 논란을 끝내고 양국 간에 '평화 공존의 시대'를 열어가기 위해서는, 이 두 조형물 사이에 과연 어떤 차이가 있는지 일본 정부는 고민해볼 필요가 있을 것이다. 일본의 말처럼 진심으로 사과했다면, 합의가 끝나자마자 '저거 치워달라'고 할 수는 없는 것 아닌가.

'우리끼린데 어때',
카톡방 음담패설 법적 처벌 가능한가

"우리끼리니까 하는 얘긴데 말야…."

'동류의식'을 만드는 과정에서
이런 식으로 유대감을 형성하는 대화는 매우 흔하다.
그래서 '우리끼리 하는 얘기'는
때로는 위험 수위를 넘나들기도 하고,
때로는 그 자리에 없는 누군가를
욕보이는 형태로 연대감을 만들기도 한다.

모바일 메신저의 급격한 보급으로
이러한 왜곡된 동류의식은 날개를 달았다.
소위 '단톡방' 안에서는
평소엔 할 수 없었던 험담과 음담패설이 이뤄진다.

그런데 '우리끼리 하는 얘기'가 이렇게
다른 사람을 욕보이는 형태로 이뤄져도 문제 없는 걸까?
만약 단톡방을 법적으로 처벌할 수 있다면,
어떤 일들이 벌어지게 될까?

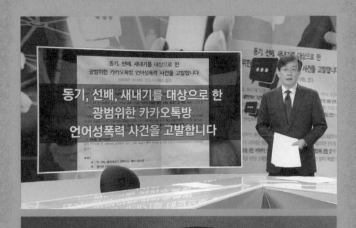

'동기, 선배, 새내기를 대상으로 한 광범위한 카카오톡방 언어 성폭력 사건을 고발합니다.'

2016년 6월, 고려대학교 학내에 특이한 대자보가 나붙었다. 카카오톡의 단체 채팅방에서 남학생들이 여학생들을 대상으로 저속한 내용의 대화를 나눈 것을 폭로하는 대자보였다.

온라인에서는 순식간에 논란이 확산됐다. "이런 대화를 나눈 남학생들을 법적으로 처벌해야 한다"라는 목소리가 커지는 한편, "당사자가 없는 공

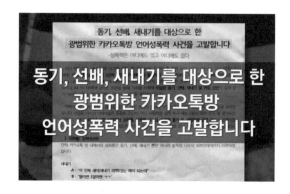

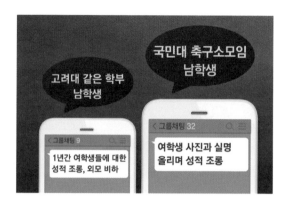

간에서 사적으로 주고받은 이야기인데 처벌은 과하다"라는 반론도 만만치 않았다. 이른바 '단톡방'에서의 성적 비하와 험담을 법적 처벌의 대상으로 삼을 수 있는 것일까.

모바일 메신저의 보편화로 이런 문제들이 증가하면서, 고발 사례 또한 속속 늘어나고 있다. 고려대 사건의 경우, 남학생 9명이 만든 단톡방에서 여자 동기·선후배에 대한 성적인 조롱과 외모 비하를 1년 동안 쏟아냈다. 그러다 채팅방에 속한 한 사람이 참다못해 이를 캡처해 고발한 것이다.

2015년에는 국민대 남학생 32명이 들어 있는 축구 소모임 단톡방에서 여학생들의 사진과 실명을 거론하며 낯 뜨거운 대화를 나눈 게 유출돼 논란이 됐고, 서울의 또 다른 대학에서도 이런 식으로 물의를 빚어 한 남학생이 무기정학을 받았는데, 그게 부당하다며 학교를 상대로 무효소송을 내기도 했다.

이 대학의 소송 건은 결국 남학생의 패소로 끝났다. 법원은 단톡방에서의 성적인 험담은 형법상 모욕죄에 해당하고 때문에 학교의 징계가 정당하

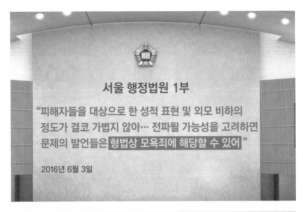

서울 행정법원 1부

"피해자들을 대상으로 한 성적 표현 및 외모 비하의 정도가 결코 가볍지 않아… 전파될 가능성을 고려하면 문제의 발언들은 형법상 모욕죄에 해당할 수 있어"

2016년 6월 3일

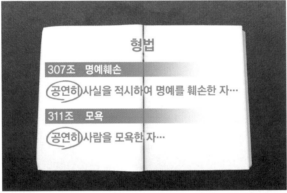

형법

307조 명예훼손

(공연히)사실을 적시하여 명예를 훼손한 자…

311조 모욕

(공연히)사람을 모욕한 자…

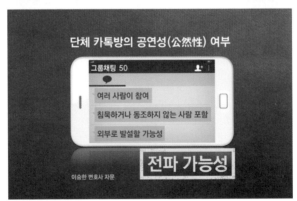

단체 카톡방의 공연성(公然性) 여부

그룹채팅 50

여러 사람이 참여

침묵하거나 동조하지 않는 사람 포함

외부로 발설할 가능성

전파 가능성

이승한 변호사 자문

다고 판단했다. 단톡방에서의 험담도 처벌될 수 있다는 법적 판단이 나온 것이다.

그렇다면 단톡방에서 시시콜콜 다른 사람을 험담한 게 모두 처벌 대상이 되는 것일까. 처벌 대상이 되려면 조건이 중요하다.

형법상 명예훼손죄나 모욕죄와 관련해 법전에 나와 있는 공통된 단어가 '공연히'이다. '공공연하게 했다'는 '공연성' 조건이 충족돼야 한다는 의미다. "○○이 진짜 나쁜 놈이다"라고 혼잣말을 하면 죄가 안 되지만, 여러 사람 앞에서 소리 질러 말한다면 공연성이 충족되는 것이다.

단톡방의 경우에는 '공연성'이 있다고 판단될 가능성이 높다. 그 채팅방 안에 여러 명이 있다면, 이들 중 어떤 대화 내용에 대해 침묵하거나 그 말에 동조하지 않는 사람들이 있을 수 있다. 그렇게 되면 이들을 통해 대화 내용이 외부로 발설될 가능성이 있기 때문에, '전파성'과 '공연성'이 생긴다. 실제로 문제가 된 사건들이 대부분 이런 과정을 거쳤다. 이 조건을 충족한 단톡방이라면 그 안에서 제3자의 사회적 평가를 깎아 먹을 만큼의 험담이 나올 경우, 명예훼손이나 모욕이 될 수 있는 것이다.

이런 식으로 조건 지을 경우, 사실상 지금 개설돼 있는 거의 모든 카톡방이 해당된다. '공연성'이 없는 카톡방이 되려면, 굉장히 극단적인 경우를 상정해야 한다. 예를 들어 '김필규'라는 사람의 어머니와 아내, 그리고 제3자인 A씨가 들어 있는 카톡방에서 A씨가 "김필규가 사실은 이러저러한 나쁜 놈"이라며 심한 흉을 봤다고 하자. 이 경우 아내와 어머니가 김필규에 대한 험담을 퍼뜨릴 리가 없기 때문에 '전파 가능성이 없다', '공연성이 없다'고 볼 수 있다. 이런 사례를 제외하고는 회사 동료들끼리, 학교 선후배끼리, 학부모들끼

리 만든 단톡방 대부분은 공연성이 있다고 봐야 한다.

그렇다면 단둘이 있는 카톡방에서 제3자의 흉을 보는 것은 어떨까? 결론적으로 단둘이 나눈 대화도 문제가 될 수 있다. 둘 중 한 사람이 내용을 캡처해 유포할 수 있기 때문에 공연성이 있다고 보고, 이 경우에도 모욕죄나 명예훼손죄가 성립될 수 있다.

카톡 같은 메신저가 아니라 둘이 직접 만나 주고받은 험담 내용도 퍼져서 당사자 귀에 들어가면 모욕죄가 될 수 있는데, 다만 이 경우에는 "그런 적이 없다"라고 발뺌하면 증거를 잡기 어렵기 때문에 잘 문제가 되지 않을 뿐이다.

이번에 문제가 된 대학생들의 경우, 당사자들은 문제의 심각성을 알지 못했다는 공통점이 있다. 취재 과정에서 인터넷이나 SNS를 통해 확인한 반응들도 이 문제에 대해 문제의식이 상당히 부족하다는 점을 실감케 했다.

하지만 이러한 무감각, 무신경함이 결국 문제를 은폐하고 확대시키는 데 결정적으로 공헌한다는 점은 분명하다. 세계적 베스트셀러《남자들은 자

리베카 솔닛
"여성혐오 언어의 사용,
여성의 몸을 대상화하는
시선, 성폭력을 미화하는
태도들이 실제 성폭력을
용인하는 환경을 지속시킨다"

꾸 나를 가르치려 든다》의 저자 리베카 솔닛은 "여성 혐오 언어의 사용, 여성의 몸을 대상화하는 시선, 성폭력을 미화하는 태도들이 실제 성폭력을 용인하는 환경을 만들고 지속시킨다"라고 분석한 바 있다. 카톡창에 아무렇지 않게 남긴 저속한 험담들, 그게 결국 자신의 얼굴이고 마음이라는 사실을 분명히 인식할 필요가 있다.

원영이 부모 얼굴 비공개로 본
피의자 신상공개 기준

"누가 원영이를 죽였나."

일곱 살 원영이는 11월부터 1월까지 약 3개월간
난방이 되지 않는 화장실에 감금당했다.
부모는 원영이에게 먹을 것을 거의 주지 않고
수시로 아이를 때리고, 다친 아이를 방치했다.
락스와 찬물을 뿌리고 방치한 끝에
아이는 결국 화장실에서 사망했다.

사건의 전말이 알려지자
엄청난 비난이 쏟아졌다.
여론의 초점 중 하나는
그 인면수심 부모의 얼굴을 공개하라는 것이었다.

실제로 악질적 범행을 저질렀던
강호순, 조두순, 김길태, 김수철 등은
언론을 통해 신상이 공개된 바 있다.

하지만 이번에는 경찰이 원영이 부모의
신상을 비공개하기로 결정하자
왜 공개하지 않느냐는 항의가 빗발쳤다.

피의자 신상공개의 기준은 무엇일까?

14일, 평택 아동실종 현장검증
"(사람이라도)보여달라는데 왜 안 보여주냐고"

"공개하라고"

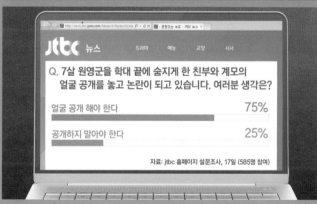

Q. 7살 원영군을 학대 끝에 숨지게 한 친부와 계모의
   얼굴 공개를 놓고 논란이 되고 있습니다. 여러분 생각은?

얼굴 공개 해야 한다   75%

공개하지 말아야 한다   25%

자료: jtbc 홈페이지 설문조사, 17일 (585명 참여)

"뭘 잘했다고 얼굴을 가려줘!"

살인사건에 대한 현장 검증이 벌어질 때마다 주위를 둘러싼 시민들에게서 나오는 이야기이다. 사건 당시 현장의 상황을 재현하는 피의자의 얼굴은 마스크로 가려져 있는 경우가 대부분이다. 그런데 종종 이른바 '인면수심'의 강력범죄 피의자에 대해서 얼굴을 공개하라는 요구가 빗발친다. 2016년 3월 초, 우리 사회를 뒤흔들었던 '원영이 사건'의 피의자가 부모라는 사실이 밝혀지면서 이러한 요구가 또다시 강력한 여론이 되었다.

일곱 살 신원영 군을 학대 끝에 숨지게 한 평택 아동 살해사건은 사회적 공분을 일으킨 사건이었다. 아이의 시신을 유기한 현장 검증을 할 때 역시 주변에서 거친 목소리가 터져 나왔다.

"아니, 왜 보호를 하는데?"

"보여 달라는데 왜 안 보여주냐고?"

"마스크 씌우고, 모자 씌우고….."

피의자들의 얼굴을 왜 공개하지 않느냐는 항의였다. 최근 들어 흉악범죄의 경우, 범인 얼굴을 공개한 전례가 있었기 때문에, 화장실에 감금하고 락스를 뿌리고 굶기는 등 아이를 잔혹하게 살해한 피의자들의 얼굴을 공개하지 않는 데 대해 불만이 높았다.

실제 JTBC 홈페이지와 SNS를 통해 설문조사를 했을 때도 원영이 살해 사건 피의자의 얼굴을 공개해야 한다는 여론이 75%로 압도적으로 높게 나타났다. 최근 '흉악범 얼굴을 공개하기로 법도 만들어지지 않았느냐', '얼굴이라도 공개해야 반성할 것 아니냐', '인권을 보호할 가치가 없다' 등의 댓글이 온라인에서 빗발쳤다.

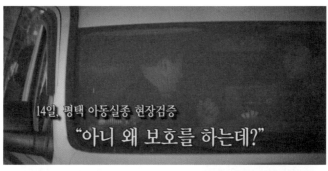

1980년대까지만 해도 웬만한 사건은 피의자의 실명과 얼굴, 집 주소까지 신문과 방송 등에 그대로 보도됐다. 그러다 2000년대 들어 '유죄 판결이 날 때까지 피고인은 무죄로 봐야 한다', '피의자의 초상권도 보호돼야 한다'는 기본인권이 강조되면서 범인에게 마스크를 씌우는 관행이 시작됐다.

_____강력범죄의 경우, 피의자 얼굴 공개

하지만 2009년 강호순 연쇄 살인사건 이후 다시 여론이 반전됐다. 결국 2010년 '특정강력범죄의 처벌에 관한 특례법'(특강법)이 개정되면서 범행 수단이 잔인하고 중대한 피해가 발생한 강력범죄의 경우 피의자 얼굴을 공개할 수 있도록 했다.

법 개정 이후 몇몇 강력범죄의 경우 피의자 얼굴과 이름 등이 언론을 통해 공개됐지만, 상황에 따라서 오락가락한 측면이 없지 않다. 영등포에서 초

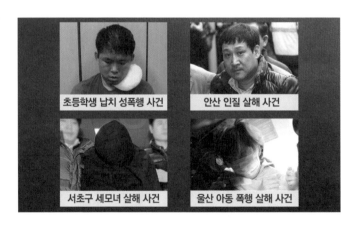

등학생을 납치, 성폭행한 김수철 사건의 경우 얼굴을 공개했고, 2015년 경기도 안산에서 인질 살해극을 벌인 김상훈도 공개됐다.

하지만 자신의 부인과 두 딸을 한꺼번에 죽인 '서초구 세 모녀 살해사건', 소풍 가고 싶다는 의붓딸을 때려서 죽인 울산 아동 살해사건 등에선 피의자의 얼굴을 가렸다. 그러다 보니 비공개 결정 뒤에는 항상 '기준이 뭐냐'는 불만이 따라 붙는다.

피의자 신상공개 여부는 특강법상 경찰이나 검찰이 결정하게 돼 있다. 기본적으로 경찰 내부 지침이 있긴 하지만 지침에 따라서만 결정되지 않는다는 게 전문가들의 의견이었다. 중앙대 법학과 황일호 교수는 국민 여론이 어디로 가는지에 따라서 왔다 갔다 하는 측면을 지적했다. 사생활 보호가 중요하다 싶으면 제한적으로 공개하고, 국민의 알 권리가 더 중요하다 싶으면 공개를 하는 식이라는 것이다.

결국 국민의 알 권리를 충족하고 유사 범죄를 막는 효과를 기대할 것이냐, 아니면 무죄 추정의 원칙과 인권 존중에 무게중심을 둘 것이냐에 따라 공개와 비공개가 결정되는 셈이다. 실제 얼굴이 공개된 뒤 재판에서 무죄가 드러난 경우도 있고, 신상공개가 유사 범죄를 막는다는 효과도 학문적으로 입증된 게 아니라서, 조심스럽게 봐야 한다는 지적도 많다.

_____**해외의 경우는 어떤가**

해외에서도 피의자의 신상공개에 대해서는 입장이 엇갈린다. 미국의 경우에는 범죄자를 공인으로 봐서 공익상 신상정보를 공개할 수 있다는 입장이다.

그래서 일부러 악의적으로 공개하는 방식이 아니라면 보도에 대해서도 책임을 묻지 않는다.

영국도 피의자 초상권에 대해 특별히 보호하지 않는 입장이고, 일본의 경우에도 강력범죄자의 신상을 대부분 공개한다. 하지만 스웨덴같이 1심 재판이 끝날 때까지는 엄격하게 비공개로 하는 등, 신상공개에 대해 신중한 나라도 많다.

그런데 요즘처럼 인터넷을 통한 정보 획득이 쉬워진 사회에서는 또 다른 문제가 있다. 경찰이나 검찰이 피의자 신상을 언론에 공개하지 않았는데도, SNS 등을 통해 피의자의 신상정보가 돌아다니는 경우다.

예를 들어 평택 아동 살해사건의 경우, 만약 누군가 개인적으로 사건 피의자인 아버지 신모 씨를 안다 해서 SNS에 사진을 올리거나 메신저로 퍼뜨린다면 명백한 불법행위가 된다. 이런 경우에는 유무죄 여부와 관계없이 신씨가 명예훼손으로 소송을 걸 수 있다. 하지만 이같은 큰 사건에서는 오히려 사회적 관심을 받는 게 부담스러워 소송까지 가지 않고 그냥 묻히는 경우가 많다.

피의자의 신상공개는 매번 강력사건이 발생할 때마다 '기준'에 대한 논란이 벌어지는 첨예한 사안이다. 하지만 그렇다고 무조건 공개하는 것이 옳은지는 고민이 필요하다.

이번 사건에선 숨진 원영이 외에 가정폭력의 또 다른 피해자인 원영이의 누나에 대한 배려가 비공개 결정에 중요하게 작용했다. 경찰은 "피해자인 원영이 누나의 인권을 고려했을 때 계모와 친부의 얼굴을 공개하는 것은 적절치 않다는 판단"이라고 설명했는데, 주변의 원치 않는 관심을 받아야 할 원

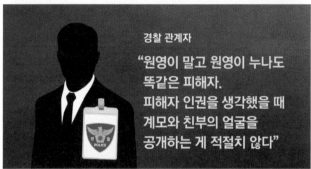

경찰 관계자

"원영이 말고 원영이 누나도 똑같은 피해자. 피해자 인권을 생각했을 때 계모와 친부의 얼굴을 공개하는 게 적절치 않다"

영이 누나를 생각했을 때 합당한 판단이란 것이 법조계의 일관된 의견이었다. 피의자 신상공개는 그만큼 복합적인 문제이며, 신중해야 할 사안이다. 원칙 있는 선례가 쌓여야 신상공개와 미공개에 대한 혼란도 점차적으로 줄어들 수 있을 것이다.

F A C T C H E C K

스포츠 선수의 금지약물은 경기에 어떤 영향을 미칠까

배리 본즈는 메이저리그 역사상 가장 뛰어난 타자 중 한 명이다.
통산 762홈런(역대 1위)을 때려냈고
시즌 MVP도 무려 7차례나 수상했다.
2001년에는 한 시즌 역대 최다 홈런인 73개를 기록했고
메이저리그에서 유일하게 500홈런−500도루 이상의 성적을 남겼다.

하지만 본즈는 은퇴한 지 10여 년이 흐른 지금도
메이저리그 명예의 전당에 헌액되지 못하고 있다.
현역 시절 금지약물을 복용했다는 의혹 때문이다.

위대한 스포츠 스타들조차 금지약물 앞에서는 빛을 잃는다.
약물 복용은 성적보다 중요한 가치인
정정당당한 '스포츠맨십'을 훼손하기 때문이다.

그런데도 스포츠 스타들이 약물의 유혹을
쉽게 뿌리치지 못하는 이유는 무엇일까?
명예와 인생을 걸 만큼 효과가 강력하기 때문일까?

도핑
Doping

프로스포츠 스타, 금지약물 파동

스테로이드제 함유

잇단 금지약물 파동,
어떤 효과가 있기에…?

프로축구 강수일, 프로배구 곽유화 그리고 프로야구 최진행까지. 2015년 여름, 한국 스포츠계는 프로 선수들의 금지약물 복용 논란으로 뜨거웠다. 당사자들은 다이어트 약을 먹었는데 거기에 잘 모르는 성분이 들어 있었다든지, 콧수염을 기르고 싶어 발모제를 발랐는데 문제가 있었다든지 하는 나름의 이유를 들었지만 결과적으로 도핑 테스트를 통과하지 못했다.

도핑 테스트란?

도핑 테스트는 선수가 경기력 향상을 위해 금지약물을 복용하는지 여부를 확인하기 위해 수시로 실시된다. 세계반도핑기구(World Anti-Doping Agency, WADA)가 주도하는 검사로, 국내에서도 도핑콘트롤센터 등이 실시하고 있다. 약물검사는 경기 종료 후 검사 대상이 되는 선수로부터 일정량의 소변을 채취해 분석하며, 혈액 속에 남아 있는 약물을 검출해내는 방식으로 확인한다. 도핑은 건전한 스포츠맨십을 해치고, 선수의 건강을 위협할 수 있기 때문에 강력한 처벌을 받는다.

도핑이라는 말은 1865년 네덜란드 운하 건설 현장에서 유래했다고 알려져 있다. 당시 노동자들의 작업 능률을 높이기 위해 도프 종류의 흥분제를 먹였는데, 장시간 활동을 지속하고 쉽게 피로해지지 않는 효과를 노렸다. 이는 곧 강력한 근육활동을 필요로 하는 스포츠 쪽으로 전파되어 사용되기 시작했다.

이후 여러 종류의 현대판 도프들이 개발됐는데, 프로축구 강수일 선수에게서 검출된 것은 메틸테스토스테론이었고, 프로야구 최진행 선수에게서

검출된 것은 스타노조롤이었다. 둘 다 남성호르몬을 인위적으로 분비시켜서 근육을 발달시킨다고 알려져 있다. 프로배구 곽유화 선수의 경우에는 펜디메트라진이 검출됐는데, 흥분을 시켜서 승리 욕구는 높여주는 반면 식욕은 억제하는 기능이 있는 걸로 알려져 있다.

_____금지약물은 프로경기에 얼마나 큰 영향을 미칠까?

그렇다면 실제 이런 약물을 복용했을 때, 정말 경기력에 큰 영향을 미칠까? 팩트체크에서 취재한 많은 전문가들은 대부분 '엄청난 영향을 미친다'고 답변했다. 특히 이미 최고 수준으로 운동 능력을 끌어올린 사람들끼리 겨루는 프로경기에서는 금지약물이 주는 효과가 결정적인 영향을 미칠 수 있다고 한다.

도핑 관련 전문가들에게 확인한 몇 가지 금지약물의 효능과 관련 스포츠를 연결해보면 그 영향력을 짐작해볼 수 있다.

골프선수가 금지약물을 복용할 경우에는 부신 피질 호르몬제를 주로 사용한다. 부신 피질 호르몬제는 일시적으로 컨디션을 개선시키고, 좋은 컨디션이 지속될 수 있도록 도와준다. 3~4라운드에 걸쳐 며칠씩 연속으로 경기를 치르는 골프선수들은 그날그날의 컨디션을 잘 조절하고 다음 날 최상의 컨디션으로 경기에 임하는 게 중요한데, 호르몬제가 그런 효과를 낼 수 있게 해주는 것이다. 첫날 1라운드를 뛰고도 다음 날 또 가뿐하게 2라운드를 뛸 수 있게 되기 때문에, 다른 선수들보다 압도적인 경기력을 유지할 수 있다.

폭발적인 근력과 턱까지 차오르는 호흡 조절이 중요한 사이클 선수의 경우에는 기관지 확장제를 투약한다. 이 약물을 복용하면 호흡이 쉬워져서 다른 선수들에 비해 편하게 사이클을 탈 수 있고, 당연히 경기력도 높아진다.

또 사격선수의 경우에는 심박수 조절제를 활용한다. 사격은 고도의 집중력을 겨루는 경기다. 심박수 조절제를 이용해 심박을 느리게 하면, 그만큼 긴장이 풀려서 좋은 기록을 낼 수 있다고 한다.

무엇보다 가장 많이 복용하고, 또 가장 많이 문제가 되는 금지약물은 스테로이드제다. 선수들이 근육을 키우기 위해서 복용하는 경우가 있는데, 근육량이 많아지면 근력이 좋아지고, 경기력이 좋아지는 것은 당연한 일이다. 미국 메이저리그 야구와 같은 종목에서 이런 일이 많이 일어나는데, 배리 본즈나 로저 클레멘스 같은 메이저리그 스타들의 명예를 실추시킨 금지약물 파동도 스테로이드와 관련된 것이었다.

그러다 보니 미국에서는 스포츠의 관계를 탐색한 연구들도 많았다. 스테로이드와 야구에서 타구의 비거리와 스테로이드의 관계를 분석한 일리노이대 앨런 나단 박사의 논문이 대표적이다. 스테로이드를 복용하기 전에는

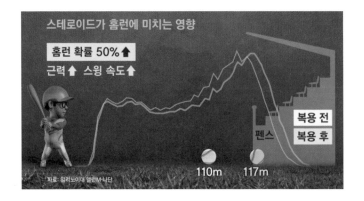

타자들이 배트를 힘껏 휘둘렀을 때 담장 바로 앞인 110미터 정도에 떨어지는 경우가 많았다. 이 정도 비거리에서는 상당수 타구가 플라이아웃이 된다.

그런데 스테로이드를 복용하고 나니 근력이 10% 정도 좋아지고, 또 타구 비거리에 영향을 미치는 스윙 속도 역시 5% 빨라지면서 비거리 자체가 10% 늘어나는 결과가 나왔다. 그렇게 되면 타구는 담장 너머인 117미터까지 날아가고, 홈런이 되는 경우가 많아진다. 홈런 확률이 50% 이상 늘어난다는 게 해당 연구 결과였다. 프로선수들에게는 엄청난 유혹이 아닐 수 없다.

다이어트 약을 잘못 먹었다, 한약을 잘못 먹었다, 혹은 발모제를 잘못 발랐다는 등 선수들의 변명이 이어지다 보니, 도핑 테스트가 너무 엄격한 것 아니냐는 의문을 제기하는 경우도 있다. 그러나 전문가들에게 확인한 결과, 이 역시 사실과 거리가 멀었다. 발모제를 한두 번 발랐다고 해서 도핑 테스트에 걸리지는 않는다는 것이다.

도핑 테스트를 통해서 금지약물이 검출되는 경우는, 직접 먹거나 혈관을 통해 투약할 때라는 것이다. 발모제 같은 바르는 약이 검출되려면 수개월

동안 하루에도 수차례씩 발라야 검출이 가능하다고 한다.

오랫동안 이 문제를 연구하고 현장에서 실무를 책임졌던 권오승 한국 과학기술연구원 도핑콘트롤센터장은 "도핑 테스트에 걸릴 정도라면 문제가 있는 것은 확실하다"라고 지적했다. 금지약물이 혈액으로 들어가서 소변으로 배출됐다는 확실한 증거가 도핑 테스트이기 때문이다. 먹었든 발랐든, 몸에서 검출됐다는 것은 곧 몸에 영향을 미쳤음을 의미한다고 권 센터장은 말했다.

실제로 규제 대상이 되는 물질들은 일반적인 음식에서는 존재할 수 없는 물질들이다. 그런데도 몸에서 검출됐다면 어쨌든 비정상적인 경로를 통해 몸속으로 들어온 것이고, 선수들의 해명과 상관없이 국제 규정에 따라서 문제가 될 수밖에 없다는 이야기였다.

_____금지약물의 부작용 사례

금지약물 복용이 문제가 되는 건 공정한 경기를 위해서만은 아니다. 선수들의 건강을 위해서도 대단히 중요하다. 그동안 나온 연구 결과를 통해 확인된 금지약물들의 부작용은 너무나 명백하다.

혈관 기능을 막아서 심장마비나 뇌종양을 일으킬 수도 있고, 간암, 불임, 탈모의 원인이 되기도 한다. 또한 대부분 호르몬 작용을 일으키기 때문에 신체적 변화를 동반한다. 남성 같은 경우에는 스테로이드제를 계속 복용할 경우 여성처럼 가슴이 커질 수 있고, 여성은 반대로 수염이 나거나 목소리가 굵어지는 부작용이 나타날 수 있다.

스테로이드 부작용

자료: USADA

　이러한 문제들을 사전에 차단하기 위해 스포츠 관련 기관들에서는 선수들의 교육에 상당한 공을 들이고 있다. 단순한 선수들의 스포츠 윤리 부족뿐만이 아니라, 잘못된 지식 때문에 문제가 될 수도 있기 때문이다. 그래서 한국야구위원회(KBO)나 한국농구연맹(KBL) 같은 주요 스포츠 기관에서는 시즌을 전후해 공식적인 도핑 교육을 실시한다.

　그럼에도 불구하고 금지약물과 관련된 선수들의 잘못과 실수는 꾸준히 반복되고 있다. 고의든 아니든, 자신의 이력뿐만 아니라 인생 자체를 망가뜨릴 수 있는 약물 문제에 대해서는 철저한 자세를 가질 필요가 있다.

　개그맨 남희석 씨가 SNS에 올려서 화제가 됐던 글이 있다. 탁구 국가대표였던 유승민 선수가 런던 올림픽을 앞두고 남희석 씨 부인이 운영하는 병원에서 사랑니를 뽑았는데, 약물검사에 걸릴까 봐 진통제도 안 맞고 항생제 처방도 안 받았다는 내용이었다.

　물론 항생제는 금지약물이 아니다. 하지만 그만큼 철저히 신경을 썼다

세계반도핑기구
The Rule of Strict Liability
엄격한 책임 원칙
"체내에서 검출된
금지약물에 대해서는
본인의 의도와 관계없이
선수가 책임진다"

WORLD
ANTI-DOPING
AGENCY

는 것이고, 그런 자기관리의 결과인지 유승민 선수는 영예롭게 은퇴해 지금
도 스포츠 현장에서 지도자로 활동하고 있다.

'실수'를 강조하는 스포츠 선수들은 엄격한 책임 원칙을 강조하는 세계
반도핑기구 규정집을 다시 읽어볼 필요가 있다. 거기에는 이렇게 적혀 있다.

'체내에서 검출된 금지약물에 대해서는 본인의 의도와 관계없이 선수가 책임
진다.'

일본 정부는 강제징용을
인정한 걸까, 안 한 걸까

군함도.
일본 나가사키에서 약 18킬로미터 떨어진 탄광섬.
지난해 일본 정부가 유네스코 세계유산으로 등재한
소위 '산업혁명 유산' 중 한 곳이다.

하지만 군함도는 참혹한 역사의 현장이기도 하다.
깊이가 1킬로미터에 이르는 열악한 해저 탄광에서
맨몸으로 석탄을 채굴하다가 숨진 사람은,
확인된 숫자만 해도 조선인 122명, 중국인 15명 등 137명에 달한다.
군함도는 강제징용과 인권 박탈의 역사적 증거다.

그런데 지난해 세계유산 등재 과정에서
일본 정부는 처음엔 강제징용을 인정했다가
등재 이후 부정하는 듯한 발표를 해 논란이 됐다.
이 때문에 한국과 일본 사이에는
때 아닌 영어 해석 논쟁이 벌어지기도 했다.
정말 일본 정부는 강제징용을 인정하지 않은 걸까?

Q 어느 그림이 '강제로 일하는 것(forced to work)'?

be forced to work

'forced to work'라는 것은 누군가를 돌봐주어야 할 때나,
고문을 당할 때 선택지가 없는 것을 말하죠.

'forced to work'…
강제성 없다는 일본, 진짜일까?

39TH SESSION OF THE \
39E SESSION DU COMI
ALLEMAGNE 2015

2015년 7월, 현해탄을 사이에 두고 한·일 양국 사이에 갑자기 영어 문장 하나가 외교적 논란거리로 떠올랐다. 일본 근대 산업시설이 세계문화유산으로 등재될 때만 해도 조선인의 강제노역을 인정한 것으로 알려졌는데, 정작 결정이 난 직후 일본 정부에서 인정한 적 없다는 얘기를 내놓는 바람에 논쟁이 벌어졌다.

문제가 된 내용은 사토 구니 주유네스코 일본 대사가 독일 본에서 열린 세계유산위원회에서 했던 연설문에 있었다. 일본 근대 산업시설의 세계유산 등재 필요성을 주장한 영문 발언록에 이런 내용이 들어 있다. 조선인을 비롯한 강제징용 노동자에 대해 언급하는 부분이다.

'… there were a large number of Koreans and others who were brought against their will and forced to work under harsh conditions…'

그대로 번역하면, '수많은 한국인과 여타 국민이 본인의 의사에 반해 동원돼 가혹한 조건 하에서 강제로 노역했다'라는 내용이 된다.

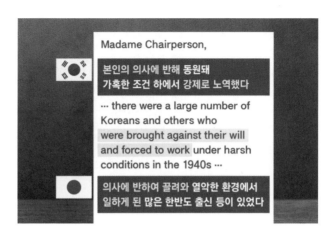

Madame Chairperson,

본인의 의사에 반해 동원돼
가혹한 조건 하에서 강제로 노역했다

··· there were a large number of
Koreans and others who
were brought against their will
and forced to work under harsh
conditions in the 1940s ···

의사에 반하여 끌려와 열악한 환경에서
일하게 된 많은 한반도 출신 등이 있었다

　　당연히 우리 정부에선 일본 정부가 강제노역을 인정한 것으로 보고, 해당 산업시설들이 세계유산에 등재되는 것을 합의했다. 당초 한·일 간 표 대결 가능성까지 점쳐지던 위원회 회의 자리는 결국 합의에 의해 원만한 결정을 할 수 있었다.

　　그런데 문제는 등재가 결정되고 난 뒤 일본 정부가 언론에 배포한 번역문에 있었다. 언론에 배포된 일본어 번역본에는 해당 부분이 다르게 표현되어 있었다. "의사에 반하여 끌려와 열악한 환경에서 '일하게 된' 많은 한반도 출신 등이 있었다"라고 하면서, '강제노역'이란 말을 쏙 빼버린 것이다. 그러자 대부분 일본 매체들도 일본 정부 발표 내용대로 보도를 했다.

　　'brought against their will', 즉 '자신의 의사에 반하여 끌려왔다'는 내용과 'forced to work', 즉 '일하도록 강요당했다'는 내용에 모두 강제성이 들어있는데, 이걸 그냥 '일하게 된'이라는 의미로 풀어버린 것이다. 특히 문제가 된 것은 '강제노역'에 해당하는 'forced to work'의 의미를 생략해버린 부분

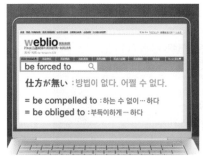

이었다.

그렇다면 어째서 이런 일이 벌어진 걸까? 일본에서는 'be forced to'라는 영어 표현을 한국과 다르게 해석하는 걸까? 먼저 영일사전을 찾아봤다. 그런데 야후재팬 웹사이트를 비롯해 일본의 보편적인 사전들 대부분이 '어쩔 수 없이 ~하다'라고 해석했다. 'be forced to'와 동의어로는 'be compelled to', 'be obliged to' 등이 있었는데, 마찬가지로 '할 수 없이 ~하다', '부득이하게 ~하다'라고 해석이 달려 있다.

그래서 일본 정부는 '강제'라는 의미를 희석시키고 '어쩔 수 없이, 일하게 됐다' 정도로 완곡하게 풀이한 것이다. 실제 기시다 후미오 일본 외무상도 기자들이 이에 대해 캐묻자 "강제 노동을 의미하는 것은 아니다"라고 밝혔다. 'force'라는 단어 자체에 '강제'라는 의미가 분명히 들어 있음에도 불구하고 모호하게 넘어가려는 의도를 보인 셈이다.

그러나 취재에 응한 전문가들은 이런 식으로 얼버무리는 것은 말이 되지 않는다고 강하게 비판했다. 현장 통번역가로 오랫동안 활동한 곽중철 한국통번역사협회장은 "'forced'라는 말이 있기 때문에 이미 강제성이 들어갔

고, 연설문에 'requisition(징용)'이라는 말을 분명히 썼기 때문에 일본 대사가 한 연설에서는 전혀 애매함이 없다"라고 풀이했다. 분명한 강제성을 언급했다는 것이다.

실제로 가장 공신력 있는 국제 노동단체인 국제노동기구(ILO) 홈페이지에도 그 의미를 알 수 있는 내용이 있다. 강제 노역에 대해 설명하면서 'forced labour'라는 공식용어를 사용했는데, 이를 해석하는 내용 중에 'forced to work'라는 표현을 사용한다. '강제 노동'의 의미를 담고 있는 것이다.

그래서 일본 근대 산업시설의 세계유산 등재 과정에서 ILO의 공식용어인 'forced labour(강제노역)'란 단어를 그대로 사용해야 한다는 논의도 있었다. 당초 한국에서는 'forced labour', 강제 노동이라는 단어를 넣으려고 했는데 이를 감지한 일본이 수정을 요구해 막판에 'forced to work', 즉 '일하게 됐다'라는 미묘한 표현을 쓰게 됐다고 교도통신이 보도했다.

'강제노역(forced labour)'이란 단어를 일본이 극구 막으려 한 것은 일본 정부가 책임을 져야 하는 상황을 피하기 위해서였다. 한신대 일본학과 하종문 교수에 따르면, 노동 조건이 힘들었다는 건 사례별로 달라질 수 있지만,

'강제노역'을 인정해버리면 외교적·현실적 무게가 실리게 된다고 한다. 'be forced to work'라는 애매한 표현과 'forced labour'라는 명확한 표현 사이에는 현해탄보다 넓은 차이가 있다. 일상적으로 이야기할 때는 이 두 표현에 별 차이가 없고 둘 다 강제성이 있지만, 외교적으로 볼 때는 표현의 무게가 달라질 수밖에 없다.

한·일 양국이 서로 다른 언어를 쓰면서 외교 무대에서는 영어로 소통을 하다 보니 이런 일이 종종 생긴다. 양국 모두 모국어가 아니기 때문에 영어로 합의한 내용을 각자 나라로 돌아가 발표할 때는 전혀 다른 해석을 내놓곤 한다.

_____**외교는 '말'로 하는 전쟁**

1965년 한·일협정 때도 비슷한 논란이 있었다. '대한제국과 일본 간에 체결된 모든 조약 및 협정은 무효다'라는 내용을 넣기로 했는데, 일본 측에서 갑자기 예전에 무효가 된 것이니 영문 조약에 '이미(already)'라는 단어를 넣자고 주장해서 관철했다.

그런데 '이미'라는 시점이 문제다. 한국 측에선 일본과 조선의 강제병합 자체가 불법적이었으니까 애초 모든 조약이 '이미' 무효라는 생각으로 받아들였다. 하지만 일본은 1948년 대한민국 정부 수립 이후부터 '이미' 무효가 됐다고 해석을 한다. 그러니까 일본 입장에서는 강제병합 자체에는 문제가 없었고 이후 맺은 조약들도 유효했다고 해석할 여지를 남겨두려고 한 것이다. 2005년 한·일협정 문서 공개 당시, 이 작업에 참여한 한 교수는 "두고두

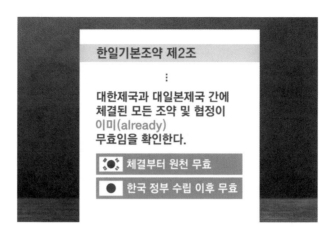

한일기본조약 제2조
⋮
대한제국과 대일본제국 간에
체결된 모든 조약 및 협정이
이미(already)
무효임을 확인한다.

🇰🇷 체결부터 원천 무효

🇯🇵 한국 정부 수립 이후 무효

고 아쉬운 대목"이라고 지적하기도 했다.

클라우제비츠는 "외교는 말로 하는 전쟁"이라고 했다. 그만큼 치열하게 단어 하나하나에 힘을 기울이고, 상대의 눈치를 보고, 유리한 방향을 찾을 수밖에 없다. 그러나 명백하게 드러난 역사적 사실을 두고도 '잔재주'만 부리려고 든다면, 그것은 외교도 아니고 말을 다루는 일도 아닌, 그저 '전쟁'만 하려드는 태도에 불과할 것이다.

북측의 '유감' 표명,
과연 사과로 볼 수 있는가

유감(遺憾).
'마음에 차지 아니하여 섭섭하거나
불만스럽게 남아 있는 느낌'이라고
사전에 적혀 있다.

그런데 뉴스를 보면
누군가 미안해할 때도 '유감'이라고 하고
누군가 마음에 들지 않을 때도 '유감'이라고 한다.

또 누군가 '유감'이라고 이야기하면
제대로 된 사과가 아니라고
불만을 터뜨리는 이가 있는가 하면
충분한 항의 표시가 아니라고
불만을 터뜨리는 이도 있다.

도대체 '유감'이 뭐길래,
이토록 계속 논란이 되면서도
이토록 계속 사용하고 있는 걸까.

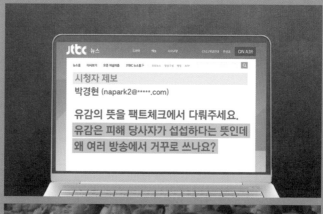

시청자 제보

박경현 (napark2@*****.com)

유감의 뜻을 팩트체크에서 다뤄주세요.
유감은 피해 당사자가 섭섭하다는 뜻인데
왜 여러 방송에서 거꾸로 쓰나요?

유감 표명, 사과인가 아닌가

곽중철 교수 한국외대 통번역대학원

Apologize라고 하는 것은 사실은 어떻게 보면
이게 외교적인 용어가 아니잖아요?

유감 표명, 사과인가 아닌가

곽중철 교수 한국외대 통번역대학원

무조건 사과한다는 거니까. 그건 완전히 100% 잘못했다는 거고.
독일이 옛날 히틀러가 유태인 학살한 것,

2015년 8월 군사분계선 비무장지대(DMZ) 남측 지역에서 지뢰가 폭발해 남한 병사들의 발목이 잘리는 등 큰 부상을 입는 사고가 발생했다. 남측은 북한군이 매설한 목함지뢰였으며 명백한 북의 도발이라고 비난했다. 하지만 북측에선 그런 적이 없으며 오히려 남측의 자작극이라고 반박했다. 당장 군사적 대치 상황이 펼쳐지면서 휴전선에 위치한 대북방송 스피커에도 다시 전원이 들어왔다.

판문점에서는 남북 고위 당국자 접촉이 이뤄졌다. 또한 사건 발생 21일 만에 김관진 대통령 국가안보실장과 황병서 북한군 총정치국장이 악수를 하며 다음과 같은 문구가 들어 있는 공동보도문을 내놨다.

'북측은 최근 군사분계선 비무장지대 남측 지역에서 발생한 지뢰 폭발로 남측 군인들이 부상한 것에 대해 유감을 표명하였다.'

정부에선 '북측'이라는 주어가 명시된 사과를 받아냈다고 설명했는데, 발표 직후 포털 사이트에선 '유감'이란 단어가 하루 종일 인기 검색어 1위였

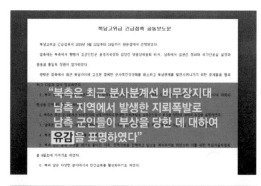

다. 유감 표명이 과연 사과가 맞느냐 하는 논란이 일었던 것이다.

사전상의 유감과 외교상의 유감

유감은 사전적으로 '마음에 차지 아니하여 섭섭하거나 불만스럽게 남아 있는 느낌'이란 뜻이다. 그런데 실제 쓰이는 용례를 보면 어떨 때는 항의의 의미로 쓰이고, 어떨 때는 사과의 의미로 쓰이곤 한다. 예를 들어 북한이 표준

시를 변경했을 때 청와대에서는 "사전 협의도 없이 발표한 것은 유감"이라고 이야기했는데 이때 쓰인 '유감'은 항의의 표시다. 또 성완종 사건으로 정치권이 발칵 뒤집혀졌을 때 청와대는 "국민 여러분께 심려를 끼쳐드려 유감"이라고 했는데 이때는 사과의 의미를 담았던 것이다. 결국 정치·외교상으로 유감은 이 두 의미를 다 담고 있는 셈인데, 그러다 보니 유감이라는 단어가 나오면 이게 어느 의미로 쓴 건지 더 민감해지기도, 또 논란이 되는 경우도 많았다.

그런데 사과의 표현을 둘러싼 논란은 외국에서도 마찬가지다. 영어로 사과한다는 표현은 'apologize'와 'sorry', 'regret' 등이 있는데 각각 미묘한 차이가 있다. 한국외대 통번역대학원 곽중철 교수는 "이 가운데 가장 강력한 사과는 apologize이지만 이는 완전히 100% 자신이 잘못했다고 인정하는 것이기 때문에 외교적으로 잘 쓰이는 용어는 아니다"라고 설명했다. 히틀러의 나치가 유대인을 학살했던 것 정도의 잘못이 아니고선 잘 쓰이지 않는다는 이야기다. 또 "regret라는 것은 '유감 표명' 정도의 수준인데 사과 치고는 상당히 수위가 낮은 표현"이라고 했다.

그렇다면 이번 DMZ 지뢰 사고와 관련해 북한은 세 단어 중 어느 수준의 감정을 가지고 있었다고 볼 수 있을까. 공동보도문과 관련해 조선중앙통

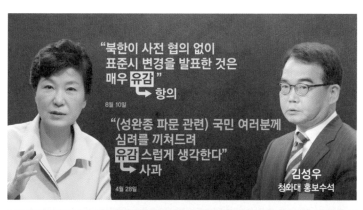

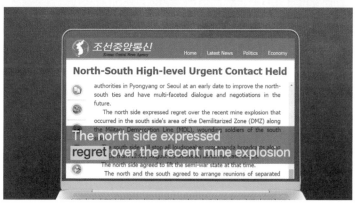

신이 영문으로 보낸 기사를 찾아보니 해당 문장에서 북측은 'regret'라는 단어로 번역을 해놓은 것을 확인할 수 있었다. 북측이 표현하고자 했던 수위 역시 그 정도라고 짐작할 수 있는 대목이다.

_____ 북한의 유감 표명은 사과였을까 아닐까

그러자 정치권을 중심으로 "당초 기대했던 확실한 사과와는 거리가 멀다"라는 지적이 나왔다. 그러면서 "일본이 위안부 문제 등과 관련해 '유감 표명'을 하면 사과가 아니라고 비난하면서 북한의 유감은 왜 우리 정부가 사과라고 받아들이느냐"라는 비판도 있었다.

이와 관련해선 전문가들 사이에서도 해석이 분분했다. "북측이 사건에 대해 시인을 했고, 우리는 주체를 명시해 유감 표명을 받아낸 만큼 의미가 있다"라는 평가가 있는 반면 "이번 결과는 대통령이 밝혔던 내용과 정면으로 배치되는 것이며 주체가 불분명한 유감 표명"이라는 반박도 나왔다.

그런데 이처럼 유감이란 단어의 해석에 치중하기보다는 남북관계의 특수성이라는 맥락에서 봐야 한다는 지적도 많다. 과거에도 북의 도발은 있었

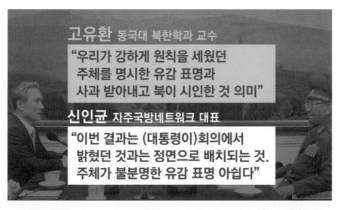

고유환 동국대 북한학과 교수
"우리가 강하게 원칙을 세웠던
주체를 명시한 유감 표명과
사과 받아내고 북이 시인한 것 의미"

신인균 자주국방네트워크 대표
"이번 결과는 (대통령이)회의에서
밝혔던 것과는 정면으로 배치되는 것.
주체가 불분명한 유감 표명 아쉽다"

양무진 북한대학원대학교 교수
"협상의 관점,
정치적 관점에서
해석해야 한다"

고 또 그때마다 북의 대응은 조금씩 달랐다. 그중 일부였지만 유감 표명을 한 적도 있었다.

강릉 잠수함 침투사건이 있었던 1996년. 우리 정부는 북측에 잘못을 시인하고 사과한 뒤 재발 방지 약속도 하라고 요구했지만, 북에선 그저 '유감 표명'을 하는 데 그쳤다. 그것도 대상이 남측이 아닌 주한 미군 사령관이었다. 하지만 우리 정부에선 이를 사과로 간주하고 넘어갔다. 2002년 제2 연평해전 때도 북한은 재발 방지 약속 없이 유감 표명을 하는 서신만 보냈는데, 우

1996년
강릉 잠수함 사건

2002년
제2연평해전

리 정부의 반응은 지금과 비슷했다.

결국 우리 정부가 북측의 시인과 사과, 그리고 재발 방지를 요구하면 북한은 단순히 유감 표명만 하고, 우리는 이를 사과로 받아들이고 넘어가는 양상이 반복된 것이다. 이번 고위급 접촉 역시 비슷한 결과로 마무리된 셈인데, 2002년 당시 북으로부터 직접 서신을 받았던 정세현 전 통일부 장관은 이에 대해 이렇게 평가했다.

"남북관계에서 택할 수 있는 최선은 아니지만, 차선은 됩니다. 역대 정부에서도 유사한 사건이 있을 때 남북관계를 풀고 나가기 위해 결국 그 선에서 끝났어요. 남북관계는 완전한 외교관계도 아니고, 서로 기 싸움을 하는 관계가 아닙니까. 거기서 어떻게 완전 굴복을 기대하겠습니까?"

중국과 일본, 북한, 우리나라까지 동북아에서 폭넓게 쓰이고 있는 '유감'이라는 단어. 그동안 많은 혼란과 불만의 원인이 됐지만, 서로의 필요에 의해 존재하기 때문에 사라지기는 힘들 것이라는 게 전문가들의 이야기다. 따라서 앞으로도 이런 논란은 계속 있을 거란 결론을 내릴 수밖에 없다는 점 역시 상당히 '유감'스럽다.

유엔 인권이사회 의장국이면
인권 선진국이라고 봐야 할까

한국은 국가기관으로 인권위원회를 전담 설치한
전 세계 69개국 중 하나다.
한국의 국가인권위원회는 전 세계 인권위원회들의
협력체인 국가인권기구 국제조정위원회의 회원국이며
오랫동안 A등급을 유지해왔다.

또 한국은 여성의 인권 신장을 위해
여성부를 설치한 몇 안 되는 나라 중 하나이며,
헌법재판소 등을 통해 국민 개개인의 인권을
보호하는 촘촘한 안전망을 갖추고 있다.

하지만 한국은 '국경 없는 기자회'가 집계하는
언론자유지수에서 매년 순위가 떨어져
2015년에는 60위까지 추락했고,
미국 프리덤하우스에서 발표하는 자유지수에서도
'부분적 자유언론국'으로 평가받는다.

그렇다면 '인권 한국'의 진짜 현주소는 어디일까?
한국은 인권 선진국인 것일까,
아니면 아직 갈 길이 먼 나라 중 하나일까.

유엔인권이사회 의장국 한국

김을동 최고위원 새누리당
우리 대한민국이 유엔 인권이사회 의장국으로 선출되었습니다.
이로써 광복 70년을 맞이한 대한민국은 국제사회에서

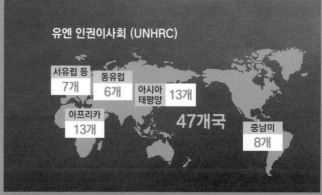

유엔 인권이사회 (UNHRC)

서유럽 등
7개

동유럽
6개

아시아
태평양 13개

아프리카
13개

47개국

중남미
8개

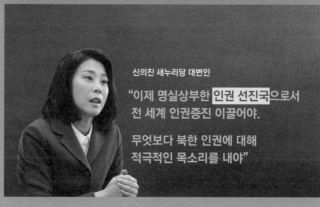

신의진 새누리당 대변인

"이제 명실상부한 인권 선진국으로서
전 세계 인권증진 이끌어야.

무엇보다 북한 인권에 대해
적극적인 목소리를 내야"

한국은 유엔 인권이사회의 2016년 의장국이다. 유엔 인권이사회(United Nations Human Rights Council, UNHRC)는 유엔 총회 보조기관 중 하나로, 유엔 가입국의 인권 상황을 정기적으로 검토하고 국제사회의 인권 상황을 개선하기 위해 만들어졌다. 이 때문에 2015년 말 한국이 2016년 의장국으로 선출됐다는 소식이 전해지자 "드디어 한국의 인권 수준이 국제적으로 높게 평가받았다"라는 이야기도 많이 나왔다.

스위스 제네바에서 열린 유엔 인권이사회 조직회의 결과 한국이 의장

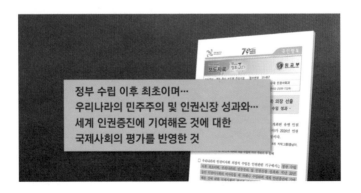

정부 수립 이후 최초이며…
우리나라의 민주주의 및 인권신장 성과와…
세계 인권증진에 기여해온 것에 대한
국제사회의 평가를 반영한 것

국으로 선출되자, 한국 외교부에선 "대한민국 정부 수립 이후 최초의 일이며 우리나라 민주주의와 인권 신장의 성과다. 또 그동안 세계 인권에 기여한 데 대한 국제사회의 평가다"라는 보도자료를 냈다.

여당인 새누리당에서도 비슷한 평가가 이어졌는데, 김을동 최고위원은 "광복 70년을 맞이한 대한민국은 국제사회에서 민주주의와 인권 선진국의 지위를 인정받게 되었다"라고 평가했고, 신의진 새누리당 대변인도 "명실상부한 인권 선진국으로서 전 세계의 인권 증진을 이끌어나가야 한다"라고 강조했다. '인권이사회의 의장국으로 선출된 것이 곧 국제사회에서 인권 선진국으로 인정받은 것'이라는 단순한 논리인데, 사실 이건 좀 더 꼼꼼하게 따져봐야 할 대목이 많다.

우선 한국이 의장국으로 선출되는 과정 자체가 '인권 선진국으로 인정받았다'고 하기에 면구스러운 면이 있었다. 인권이사회는 총 47개국으로 구성되는데 아시아·태평양에는 13개 자리가 주어져 있고, 2015년 10월 이 중 5개국을 새로 투표로 뽑았다. 한국도 대상이었는데 투표 결과를 보니 몽골과 아랍에미리트, 키르기스스탄에 이어 4위로 간신히 재선에 성공했다. '세계가 인정하는 인권국가'라고 하기에는 아슬아슬한 결과였다.

의장국 선출 방식 역시 살펴볼 필요가 있는데, 47개 이사국 중에서 대륙별로 순번이 돌아가는 순환제를 채택하고 있다. 중남미에서 한 번 하면 그다음 동유럽, 아프리카, 서유럽 순으로 5개 지역이 번갈아 1년씩 맡는 식이다.

마침 2016년이 아시아·태평양 지역 차례였던 건데, 이런 논의과정에 참여했던 국제인권단체들에 확인한 결과, 한국의 경쟁 후보들이 그다지 인정받는 인권국가라고 하기 어려운 나라들이었다. 처음엔 사우디아라비아, 나중엔

인도가 후보로 나섰지만 중도에 모두 포기해 한국이 의장국이 됐다는 것이 인권단체들의 한결같은 전언이었다.

　　의장국을 선출할 때도 경합 투표를 하는 방식이 아니라 합의에 의한 추대를 택한다. 그래서 정부는 "의장국이 되기까지 경합을 거쳤고 이사국들의 지지를 얻어 결정됐다"라고 설명한 것이다.

　　하지만 사우디아라비아는 미국 프리덤하우스가 매년 등급을 매기는 '세계 자유 보고서'에서 '최악의 국가'로 분류되는 곳이고, 인도 역시 여성

인권 문제, 계급차별 문제가 여전히 심각한 국가로 알려져 있다. 정부가 경합했다고 하는 이들 국가가 과연 강력한 경쟁자들이었나 생각해보게 되는 대목이다.

게다가 그동안 특별한 자격조건 없이 돌아가며 인권이사회 의장국을 맡다 보니 자격 논란도 많았다. 이사회로 승격된 2006년 이후 의장국이 된 9개 국가를 보면, 언론자유 순위에서 100위를 넘어가는 나이지리아도 있었고, 심지어 프리덤하우스 평가에서 '자유롭지 않음'이나 '부분적으로 자유로움' 평가를 받은 가봉, 태국 등도 의장국을 맡은 바 있다. 그러니까 인권이사회 의장국이 되었다고 자동으로 '인권 선진국' 타이틀을 부여받는 것은 아니라는 얘기다.

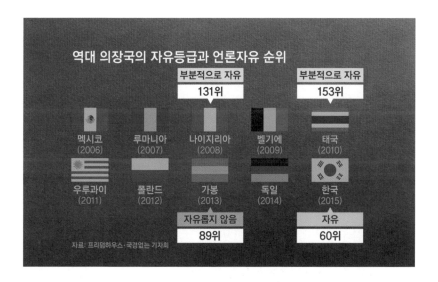

현재 한국의 인권 상황, '부분적 자유국'

물론 현재 한국의 인권 상황을 나이지리아나 사우디아라비아와 동급이라고 폄하할 수는 없다. 프리덤하우스는 '세계 자유 보고서'를 통해 조사 대상의 46%인 90개국을 '자유국'으로 분류하고 있는데, 한국도 그중 하나로 꼽힌다. 하지만 인권의 중요한 척도 중 하나인 언론자유 순위는 60위에 머물고 있고, 인터넷 분야에서도 '부분적 자유국'으로 평가받고 있다.

또 하나 따질 수 있는 기준이 국가인권위원회에 대한 평가인데, 이 역시 그다지 긍정적인 상황은 아니다. 인권기구들의 국제 연합체인 국가인권기구 국제조정위원회(ICC)에서 각국 인권기구의 활동을 토대로 5년에 한 번씩 등급을 매기는데, 2004년 가입 당시 A등급을 받았던 한국 인권위는 2015년 3월부터 '등급 보류' 상태에 있다가 2016년 5월에서야 간신히 등급을 받았다. '더 이상 A를 주기 힘들다'는 의미로 일종의 유예기간을 두었던 셈이다. ICC에서는 "인권위원 임명 절차에 투명성이나 참여가 충분히 보장되지 않고, 국내 시민사회의 참여도 부족하다"라는 점을 지적했다.

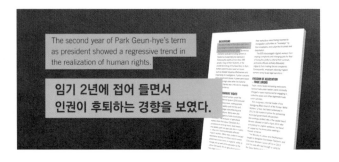

핌시리 묵 펫취남롭 국제인권감시단

"한국정부는
앞으로 어떻게 하느냐에 따라
인권 모범국이 될지, 아니면
이름만 의장국이고 실제론
인권 후퇴국이란 오명을 쓸지
기로에 서 있다"

핌시리 묵 펫취남롭

2015년 나온 앰네스티 연례 보고서에서도 이주노동자 권리, 집회·시위의 자유와 표현의 자유 등에서 문제를 제기하며 "현 정부 2년 차에 들어서면서 인권이 후퇴하는 경향을 보였다"라고 평가하기도 했다.

한국이 인권 자유국이 아니라고 얘기하면 억울하게 느껴지는 부분도 있지만, 그렇다고 해서 인권이사회 의장국이 된 걸 부풀려서 '인권 선진국 인정'이라고 말하는 것 역시 사실이라고 할 수는 없다. 중요한 것은 부풀린 영광이 아니라 더 잘하기 위한 냉정한 자기반성이다.

국제인권감시단이 2015년의 서울 도심 집회들과 관련한 인권 보고서를 발표했는데, 한국 정부가 집회시위에 대한 국제기준을 위반했다고 지적하면서 "인권이사회 의장국이 되면 이런 조치들이 다른 나라에 영향을 미칠 것"이란 점을 강조했다. 그러면서 국제인권감시단 핌시리 묵 펫취남롭 코디네이터는 "앞으로 어떻게 하느냐에 따라 인권 모범국이 될지, 아니면 이름만 의장국이면서 실제론 인권 후퇴국이란 오명을 쓸지 한국 정부는 지금 기로에 서 있다"고 했다. 한국이 인권위 의장국이라는 지위에 걸맞은 인권 선진국이 되려면 이 말을 깊이 새겨들을 필요가 있을 것이다.

공소시효 만료됐다는 윤창중,
그는 이제 무죄인가

"여성 가이드의 허리를 툭, 하고 한 차례 친 것일 뿐."

2013년 박근혜 대통령의 방미 도중 벌어진
사상 초유 청와대 대변인의 성추행 사건.
사건 당사자인 윤창중 당시 대변인은 이렇게 변명했다.

윤 전 대변인은 사건 당일 곧바로 귀국한 뒤
대변인직을 사임하고 칩거에 들어갔다.
미국 현지에서도 더 이상 사건이 진척되지 않은 채,
그렇게 3년의 시간이 흘렀다.

그리고 2016년 5월,
사건 발생 이후 3년이 경과한 시점에 윤 전 대변인이 돌아왔다.
자신의 블로그에 '내 영혼의 상처'라는
자전적 에세이를 게재하기 시작한 것이다.

그는 사건 후 3년이 경과하여 공소시효가 만료되었으며,
자신의 '무죄'가 입증되었다고 주장했다.
그렇다면 정말 윤 전 대변인의 성추행 의혹은
이렇게 해프닝으로 끝나는 것일까?

팩트체크팀의 확인 결과, 이는 사실이 아니었다.

2013년
대통령 방미 중 벌어진
청와대 대변인의 성추행 사건

"여자 가이드의 허리를 툭 한차례 친 것일뿐"

3년 만에 재개한 집필 활동

"마침내 공소시효가 만료됐다. 내가 기자회견에서 밝힌 주장이 모두 사실이고,

언론에서 보도했던 게 모두 거짓말이라는 게 만천하에 그대로 입증된 것 아니

겠는가."

3년 만에 집필활동을 재개한 윤창중 전 대변인은 자신의 블로그에서 이
렇게 주장했다. 자신의 성추행 의혹 사건의 공소시효가 끝났고, 이로써 자신
의 무죄가 입증됐다는 것이다. 그 기간 동안 미국 검찰로부터 아무 연락이 없
었고, 또 기소를 하지 않았다는 것은 자신이 무죄라는 법적 결론이 난 거라는

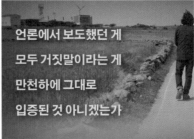

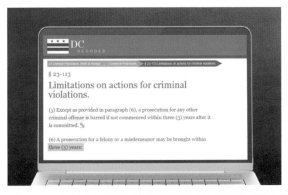

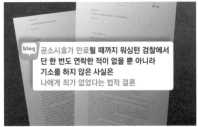

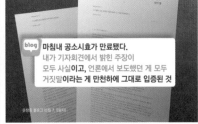

주장이었다. 그래서 자신이 예전에 기자회견에서 밝힌 게 모두 사실이었고, 그간 언론의 보도 내용은 모두 거짓임이 만천하에 드러났다고 썼다.

사건이 일어났던 미국 워싱턴DC 법상으로 따져보면, 윤 전 대변인 사건처럼 경범죄로 분류된 성추행 사건은 공소시효가 3년이다. 사건이 일어났던 게 현지 시간으로 2013년 5월 7일에서 8일 사이였으니 2016년 5월 7~8일이면 3년이 경과한 것도 사실이다.

그런데 윤 전 대변인이 사건 발생 다음 날 전격 경질되면서 미국 당국의 수사가 진행되기 전에 귀국한 것을 주목할 필요가 있다. 만약 미국 수사당국이 이를 도피로 본다면 공소시효가 적용되지 않을 수 있다는 분석도 있다. 안

안준성 미국 변호사
"사법기관 등의 조사를 회피할 목적으로 해외도피를 할 경우 공소시효가 적용되지 않을 수 있다"

김익태 미국 변호사
"미국 경찰은 한국과 달리 직접 수사권을 가지고 있으며 경미한 범죄에 대해서는 기소권도 행사한다"

준성 미국변호사는 "사법기관 등의 조사를 회피할 목적으로 해외 도피를 할 경우, 공소시효가 적용되지 않을 수 있다"라고 지적했다. 이 경우는 한국법과 미국법이 차이가 없다. 이 때문에 미 수사당국이 이 건을 어떻게 보고 있는지가 중요하다.

'3년 동안 미국 검찰이 연락도 안 해 왔다, 기소도 안 했다. 그러니까 이건 법적으로 무죄다'라고 결론을 내린 윤 전 대변인의 주장 역시, 미국 사법체계를 충분히 이해하지 못한 발언이라는 게 전문가들의 지적이었다.

경찰이 검찰의 지휘를 받아서 수사하는 한국과 달리, 미국 경찰은 직접 수사권을 가지고 있다. 또한 경미한 범죄에 대해서는 일부 기소권까지 행사하기도 한다.

사건 당시 국내 기사에서는 워싱턴DC 경찰이 연방검찰에 자료를 넘겼다고 나와 있는데, 이는 사건을 경범죄로 분류할지 중범죄로 분류할지 정하기 위한 것이었다. 만약 이때 사건 자체가 DC 검찰로 넘어갔다면 '검찰의 연락이 없었다'는 윤 전 대변인의 주장이 어느 정도 신빙성을 얻을 수 있다.

하지만 팩트체크팀이 직접 워싱턴DC 경찰에 연락을 해서 확인한 결과는 윤 전 대변인의 기대와 달랐다. "이 사건은 여전히 워싱턴DC 메트로폴리

탄 경찰(MPD)의 관할이고, 현재 수사가 진행 중이다"라는 게 DC 경찰의 공식적인 답변이었다. 결국 경찰이 맡고 있는 사건이기 때문에, 검찰이 윤 씨에게 연락을 할 이유가 없었던 셈이다. 당연히 '연락이 없으니 무죄다'라는 주장도 맞지 않다.

여기서 특히 중요한 건 '수사가 진행 중이다'라는 워싱턴DC 경찰의 답변이었다. 사건을 완전히 '클로즈했다(Closed)'가 아니라, 여전히 사건이 '진행 중(Open case)'이라고 했기 때문이다.

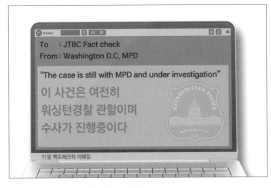

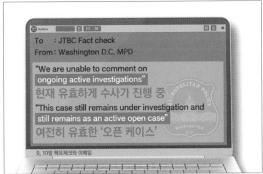

원재천 한동대 국제법률대학원 교수
"사건이 사라지려면
'dismiss'나 'close'라는 판단이
나와야 하는데,
'유효한 오픈 케이스'라고 한 것은
사건이 살아있으며 추가 조사나
재판도 할 수 있다는 뜻"

그래서 팩트체크팀은 총 세 차례에 걸쳐 워싱턴DC 경찰과 이메일을 주고받으면서 "윤 씨가 주장한 대로 공소시효가 끝난 건지, 또 미국 사법당국이 무죄라는 법적 결론을 내린 건지"를 재차 물었다. 그런데 워싱턴DC 경찰은 "현재 진행 중인 유효한 수사"라고 이야기하면서 "그래서 자세한 내용을 밝힐 수는 없다"라고 답변했다. 그러면서도 "이 사건은 여전히 유효한 오픈 케이스다"라는 점을 거듭 밝혔다.

이메일 답변에서 가장 중요한 단어는 '오픈 케이스'라는 말이다. 이건 법률적으로 현재 수사가 진행 중이고, '경찰 당국이 처리할 목록에 포함돼 있다'는 뜻이기 때문이다. 이 '오픈 케이스' 상태가 끝나려면 수사 종료(dismiss) 혹은 사건 종결(close)이라는 판단이 나와야 한다. 그렇지 않고 경찰이 '유효한(active) 오픈 케이스'라고 한 것은, 언제든 조사를 진행하고 또 재판도 할 수 있다는 뜻이라는 게 미국 검사 출신 원재천 한동대 교수의 설명이었다. 원 교수는 "어떻게 될지 정말 확인을 해보고 싶으면 윤 전 대변인이 직접 워싱턴에 가보면 된다"라고 이야기하기도 했다.

결국 미국 경찰은 여전히 진행 중인 사건으로 분류하고 있는 상황에서,

당사자인 윤창중 전 대변인만 '3년 지났으니까 공소시효 끝'이라고 주장하고 있었던 셈이다.

　게다가 설사 공소시효가 만료되었다고 하더라도, 윤 전 대변인의 주장처럼 '무죄가 증명'된 것은 아니라는 게 법률 전문가들의 한결같은 반응이었다. 이는 공소시효 제도에 대해서 잘못 이해하고 있는 것이라는 게 건국대 법학전문대학원 한상희 교수의 설명이다. 공소시효는 일종의 형사사법 행정상의 문제로, 시효가 지나면 '위법해도 처벌하지 않겠다'는 원칙이라는 것이다. 공소시효가 지났다는 이유로 면책되었다거나, 유죄가 아니라거나, 정당하다고 주장하는 것은 몰이해의 결과라고 한 교수는 강조했다.

　윤 전 대변인은 3년 만에 복귀 명분으로 공소시효 만료와 자신이 그동안 받았던 고통 등을 이야기했다. 그러나 그가 주장한 어느 것도, 자신에 대한 법적 면죄부가 되기는 힘들다는 사실이 확인됐다. 그걸 증명하는 진짜 방법이 무엇인지는, 윤 전 대변인 본인이 누구보다 잘 알고 있을 것이다.

2장

모르면 독이 되고
알면 득이 되는 것들

원화 급락-엔화 급등,
극과 극 환율 충격은 왜 발생하나

2016년 6월 23일.
영국의 역사를 바꿀 투표가 진행됐다.
영국이 유럽연합(EU)을 탈퇴하느냐 마느냐를 결정하는
이른바 '브렉시트(Brexit)' 투표.

전 세계가 '설마' 하는 마음으로 지켜봤지만
결과는 탈퇴 51.9% 대 잔류 48.1%.
의외의 상황에 세계경제는 큰 충격을 받았다.

당장 런던 금융시장이 요동치고 세계 증시가 폭락했는데
유독 눈길을 끈 건 한국과 일본의 외환시장.
한국 원화는 가치가 급락,
일본 엔화는 가치가 급등하며
브렉시트의 여파를 온몸으로 받았다.

영국과 지구 반대편에 있는 두 나라에
정반대의 충격이 전해진 이유는 무엇일까.
어느 나라에게 더 큰 도전이 주어진 걸까.

원-엔 극과극 환율 충격…왜?

성태윤 교수 연세대 경제학부

우리나라 같은 경우에는, 영국계 자금이 꽤 들어와 있는 나라 중 하나다.
대개 주식시장에서는 9~10% 정도 보통은 생각하기 때문에

원-엔 극과극 환율 충격…왜?

성태윤 교수 연세대 경제학부

이런 부분들을 알고 있는 국제 금융 투자자들 입장에서는
상당히 불안해할 수 있는 여지가 있는 시장이라고 볼 수 있겠습니다.

브렉시트(Brexit).

영국을 뜻하는 브리튼(Britain)과 탈출을 뜻하는 엑시트(Exit)를 합친 신조어로 영국의 유럽연합(EU) 탈퇴를 의미하는 단어다. 생소하던 이 말은 2016년 여름, 단숨에 전 세계인들에게 익숙한 단어가 됐다. 현지시간으로 6월 23일 목요일 브렉시트 여부를 묻는 국민투표가 진행됐고, 이튿날인 24일 금요일 '탈퇴'라는 투표 결과가 전해지면서 25일 토요일에 이르기까지 전 세계 외환시장은 심하게 요동쳤다.

당연히 영국 파운드화의 가치가 가장 큰 폭(-8%)으로 떨어졌고, 유로(-2.4%)나 스위스 프랑(-1.5%) 같은 유럽 대륙의 화폐, 호주 달러(-1.9%)나 뉴질랜드 달러 같은 영국 연방국가의 화폐의 가치도 상당히 타격을 받았다. 그런데 한국의 원화 가치 역시 2.5%나 떨어졌다. 주요국 화폐 가운데서는 물론이고, 다른 아시아 국가들에 비해서도 상당히 많이 떨어진 편이었다.

반대로 일본 엔화의 가치는 3.9% 올라, 거의 나 홀로 상승이었다. 영국과 지구 반대편에 있는 두 나라의 환율이 큰 타격을 입은 이유, 그러면서도 전혀 다른 방향으로 영향을 받은 것에 대해 궁금증이 쏟아졌다.

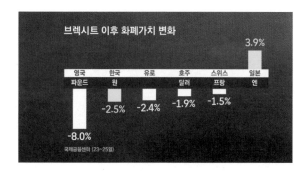

영국계 자금이 많이 들어와 있는 한국 금융시장

이에 대한 해답을 얻기 위해선 먼저 한 나라의 화폐 가치, 환율이 결정되는 방식에 대해 이해할 필요가 있다. 국제금융 면에 초점을 맞춰 보면, 일단 외국의 투자자들은 컴퓨터 모니터 앞에 앉아 달러를 들고 어느 나라에 투자를 하면 수익을 많이 올릴지 물색한다. 그러다 '한국이 좋겠다'고 결정을 내렸다면 한국 기업의 주식을 사거나 원화로 발행된 채권, 아니면 원화 자체를 사기도 한다. 그런데 이런 식으로 사겠다는 사람이 전 세계에서 몰려 한국에 달러가 밀려들어오면 원화는 귀한 몸이 돼 화폐 가치가 올라간다. 원화 가치가 오르면 적은 원화만 가지고도 달러를 많이 바꿀 수 있으니, 원-달러 환율은 떨어지게 되는 것이다. 반대로 외국인 투자자들이 '한국 시장 별로다'라고 판단해 주식이나 채권이나 원화를 팔아치운다면, 즉 투자했던 달러를 도로 빼간다면 원화 가치는 떨어지고 환율은 오르게 된다. 이번 브렉시트 이후에도 이런 식의 외국인 투자자 거래가 유독 한국에서 많아지면서 원화 가치가 급락, 원-달러 환율이 급등한 것이다.

그런데 그동안에도 무슨 일만 있으면 다른 나라 화폐에 비해 한국 원화가 유독 크게 요동치곤 했다. 그래서 한국은 국제금융 거래의 ATM, 즉 현금자동지급기라는 자조 섞인 이야기도 나왔다. 한국 금융시장이 충격에 약한 건 부인할 수 없는 사실이다. 한국은행은 한국 금융시장의 개방성을 우선 이유로 꼽는다. 한국은 신흥국 중에서 싱가포르 정도를 빼고는 자본시장 개방도가 높아 경기가 좋을 때는 돈이 막 쏟아져 들어오지만 나쁘면 썰물처럼 빠져나간다는 것이다. 시장 규모에 비해서 외환시장의 구조가 낙후돼 있다는 점도 문제다. 능력 있는 토종 선수가 없다 보니 외국 선수들에게 항상 휘둘린다는 이야기다. 여기에 북한 같은 지정학적 위험이 도사리고 있는 점도 한국 금융시장을 취약하게 만드는 요소다.

그런데 이번 브렉시트 사태에선 한국을 흔들 만한 요인이 더 추가됐다.

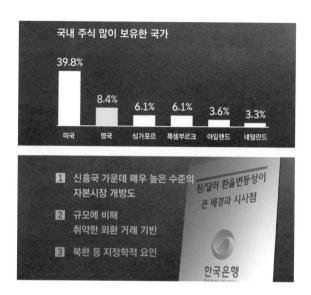

국내 주식 많이 보유한 국가

39.8% 미국
8.4% 영국
6.1% 싱가포르
6.1% 룩셈부르크
3.6% 아일랜드
3.3% 네덜란드

1 신흥국 가운데 매우 높은 수준의 자본시장 개방도
2 규모에 비해 취약한 외환 거래 기반
3 북한 등 지정학적 요인

원/달러 환율변동성이 큰 배경과 시사점

한국은행
THE BANK OF KOREA

바로 국내에 들어와 있는 영국계 자금량이 상당하다는 점이다. 실제 2016년 5월 말 기준으로 국내에 투자한 외국계 자금 가운데 영국계가 차지하는 비중은 8.4%. 미국(39.8%) 다음으로 가장 많은 수준이다. 게다가 2016년에 들어서 사고파는 투자량만으로 따지면 외국인 투자자 중에 가장 많았다. "이런 부분들을 알고 있는 국제금융 투자자들 입장에서는 상당히 불안해할 여지가 있는 시장이 한국 시장이고, 그런 심리가 브렉시트 직후 반영됐다"라는 게 연세대 경제학부 성태윤 교수의 진단이다.

_____위기 때마다 일본 엔화로 투자가 몰리는 이유

그러면 이렇게 한국에서 빠져나간 돈이 일본으로 흘러들어간 것일까? 일본 엔화에 대한 투자가 늘어나면서 엔화 가치가 오른 것일까? 충분히 그런 짐작을 해볼 수는 있지만 실제 그렇게 됐는지, '그 돈이 그 돈인지' 알 수 있는 방법은 없다. 한국에서 빼간 돈을 미국에 투자했을 수도 있고, 그냥 쥐고 있을 수도 있는 것이다.

다만 확실한 건 다른 여러 나라의 투자자들이 위기가 닥쳤을 때 금을 사들이듯, 일본 엔화를 상당히 안전한 자산으로 보고 투자하고 있다는 점이다. 금융 투자자들이 투자를 결정하기 전, 한 나라의 경제 사정을 검토하기도 하지만 안정성을 평가하는 데 있어서 더 중요하게 여기는 것은 '투자한 돈을 과연 안전하게 다시 회수할 수 있겠는가' 하는 부분이다.

일본은 미국 국채나 부동산 등 다른 나라 자산을 가장 많이 보유하고 있는 나라 중 하나다. 물론 국가부채가 국내총생산(GDP) 대비 230%에 이를 정도로 빚더미에 올라 있지만, 채권의 대부분을 자국민들이 사서 가지고 있기 때문에 해외로 갑자기 돈이 빠져나갈 염려가 없다. 즉 여러 곳의 자산에 분산 투자를 잘 해놓은 한편, 자신에게 돈 꿔준 빚쟁이들은 당장 돈 갚으라고 독촉할 일이 없으니 밖에서 보기에는 이만큼 안전한 투자처도 없는 셈이다.

그런데 이런 위기 시에 전 세계에서 돈이 몰려드는 것은 일본으로서 전혀 달갑지 않은 일이다. 그동안 일본은 아베 총리가 앞장서서 엔화 가치를 낮추려고 상당한 노력을 해왔다. 엔고(높은 엔화 가치) 탓에 수출도 잘 안 되고 내수경기도 살아나지 않는다고 판단해서다. 지난 4년간 계속 돈을 풀면서 엔화 가치를 꽤 많이 끌어내렸는데, 이번 브렉시트로 인해서 물거품이 됐다. 그러자 일본 내에서는 일본이 영국 이상으로 어려워질 수 있다는 보도도 나오고 있다.

강선구 LG경제연구원 연구위원

"일본이 해외 부동산, 채권을
보유하고 있고, 채무가 많지만
안정적"

곽수종 전 삼성경제연구원 수석연구원

"일본의 GDP대비 국가부채가 230%에
이르지만 대부분을 일본 국민이
들고 있어 사실상 해외 채무 없는 셈"

英国EU離脱で日本は英国以上に厳しくなる
日経平均1286円安、16年2カ月ぶりの下げ幅

영국 EU탈퇴로 일본경제는
영국 이상으로 어려워져

그런데 마찬가지 논리라면 반대로 한국은 원화 가치가 떨어졌으니 수출 경쟁력이 높아져 오히려 좋은 기회가 될 거라는 의견도 나올 수 있다. 하지만 국제경제가 그렇게 단순하지가 않다. 원화 가치 하락으로 이득을 볼 업종은 자동차, 철강 등 일부에만 해당하고 오히려 전 세계가 지갑을 닫아버리면 전반적인 타격을 입을 수 있다는 우려도 나오고 있다.

결국 이번 브렉시트 사태는 한국과 일본 경제가 서로의 약점을 다시 한번 들추게 된 계기가 됐다. 서로 전혀 다른 성격의 타격을 입었지만 누가 충격을 최소화하고 빨리 극복할 수 있을 것이냐를 놓고 양국 정부가 똑같이 모두 중요한 시험대에 오르게 됐다.

수당 때문에
자발적으로 야근을 한다고?

월화수목금금금
한국에서만 적용되는 일주일을 세는 방식이다.
주말 없이 끝없이 이어지는 노동을 빗댄 것인데,
이런 자조적 농담이 나오게 된 배경에는
세계 어떤 나라보다 오래 일하는
'과로 사회' 한국의 민낯이 있다.
한국의 장시간 노동은 '국민병'이라고 불릴 정도다.

그런데 회사 경영자들의 모임인
'한국경영자총협회'의 회장이
한국의 노동자들은 돈을 더 많이 벌기 위해
'자발적으로' 야근을 한다고
공식석상에서 발언해 논란이 됐다.

야근하는 것도 억울한데,
돈 더 벌려고 내가 원해서 하는 거라고?

수많은 한국의 '프로 야근러'들은 분노했다.
그렇다면 그들은 왜 밤에도 일하고 주말에도 일하는 걸까?
한국의 장시간 노동, 진짜 이유는 무엇일까?

근로자들이 초과근무를
소득증대 수단으로 생각.
최대한 많이 하고 싶어 해

박병원 경총 회장 (지난 18일)

수당 받으려 자발적 야근?

자료화면

장홍근 박사 한국노동연구원

사용자들이 불필요한데 근로자들이 '나 초과근로 하고 싶습니다'
라고 해서, 초과근로를 시키는 그런 기업이 어디 있습니까, 세상에.

수당 받으려 자발적 야근?

자료화면

장홍근 박사 한국노동연구원

대부분 통상 근로를 넘어서는 그런 근로는, 사용자들의 필요 때문에,
근로자들이 거기에 동의를 하는 형태로 이뤄진단 말입니다.

"노동자들이 초과근무를 소득 증대 수단으로 생각해서 최대한 많이 하고 싶어 한다. 이것이 청년 일자리 만드는 것을 막고 있다. 초과근무 할증률을 현행 50%에서 국제노동기구(ILO) 권고 수준인 25%로 낮춰야 한다."

한국경영자총협회 박병원 회장의 이 같은 발언이 알려지면서, 야근에 찌든 수많은 직장인들의 공분이 터져 나왔다. "우리가 야근 하고 싶어서 하는 줄 아느냐", "초과근무수당이라도 제대로 챙겨주면서 그런 소리를 해라" 같은 충분히 공감할 수 있는 불만들이라 온라인에서의 파급력은 더 컸다.

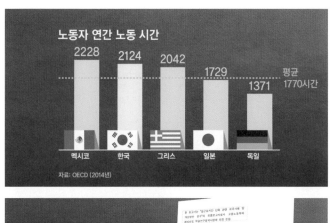

노동자 연간 노동 시간

2228 2124 2042 1729 1371 평균 1770시간

멕시코 한국 그리스 일본 독일

자료: OECD (2014년)

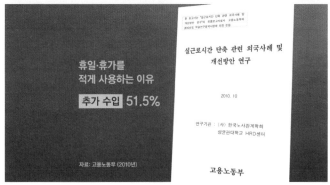

휴일·휴가를
적게 사용하는 이유

추가 수입 51.5%

자료: 고용노동부 (2010년)

실근로시간 단축 관련 외국사례 및
개선방안 연구

2010. 10

연구기관 : (사) 한국노사관계학회
성균관대학교 HRD센터

고용노동부

_____한국의 연간 근로시간, OECD 회원국 가운데 2위

한국의 장시간 노동은 그동안 꾸준히 지적됐던 고질적인 문제다. 2014년 기준 한국 전체 노동자의 연간 근로시간은 2124시간으로, OECD 회원국 가운데 2위를 차지하고 있다. 반면 노동생산성은 미국과 독일의 절반 수준에 그친다. 오래 일하는 데 비해 생산성이 떨어지는 것이기도 하고, 거꾸로 생각하면 너무 오래 일하기 때문에 자연스럽게 생산성이 떨어질 수밖에 없는 구조

이기도 하다. 분명 고민이 필요한 지점이다.

'더 많이 벌고 싶어서 초과근무를 한다'는 박병원 회장의 발언이 완전히 잘못된 것은 아니다. 지난 2007년 고용노동부 실태 조사 결과를 보면, 휴일과 휴가를 적게 사용하는 이유로 절반 이상(51.5%)이 추가 수입 때문이라고 답했다.

물론 이는 기본급을 적게 책정하고 각종 수당을 통해 벌충하도록 설계되어 있는 한국의 독특한 임금체계에서 기인하는 문제이기도 하다. 한국과 비슷한 임금체계를 갖고 있는 일본에서도 장시간 노동과 잦은 야근이 사회 문제가 되는 것을 생각해보면 충분히 짐작할 수 있다. 그러니 직장 생활을 하는 사람들이 "초과근무는 사용자가 강요하는 게 아니라 노동자가 자발적으로 택한 것이다"라는 말에 동의하기 어려울 수밖에 없다.

_____**자발적 초과근무의 이유**

실제 2013년 한 취업정보 전문업체 조사에서 야근을 하는 이유를 물었는데, '할당된 업무량이 과중해서'가 55.6%로 가장 많았고, '회사 분위기가 야근을 당연시해서'가 49%로 그 뒤를 이었다. 33.4%가 답변한 '업무 특성상 야근이 필수적이라서'와 비교하면 압도적인 비율이다.

야근을 하는 직장인 4명 중 3명이 수당을 받지 못했다는 설문조사 결과도 있어, 박 회장 말처럼 노동자들이 돈을 벌기 위해 '자발적으로' 연장 근로를 한다고 단정하기는 어려워 보인다. 야근을 아무리 해도 제대로 수당을 받을 수가 없는데 누가 자발적으로 야근을 하겠는가.

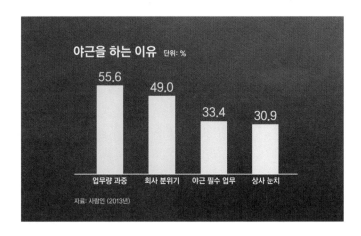

야근을 하는 이유 단위: %

55.6 업무량 과중
49.0 회사 분위기
33.4 야근 필수 업무
30.9 상사 눈치

자료: 사람인 (2013년)

　무엇보다 중요한 포인트는 노동자들이 초과근무를 자발적으로 선택하는 것이 현실적으로 불가능하다는 점이다. 노동자들이 수당을 더 받고 싶어서 '야근 하겠다'고 결정을 할 수 있다면, 일하고 싶을 때 하고 일하기 싫을 때 안 할 수 있는 선택권이 있다는 얘기가 된다. 하지만 당연하게도, 그런 직장은 없다.

　재계에서 수당과 관련해 이야기를 하는 경우 상정하는 대상은 보통 제조업 분야 노동자들이다. 박병원 회장의 말이 맞다면, 노동자들이 원할 때 공장을 더 돌리고, 하기 싫을 때 공장을 멈출 수 있다는 말이다.

　한국노동연구원의 장홍근 박사는 시간 외 노동에 대한 결정권이 마치 노동자들에게 있는 것처럼 호도하는 발언이라고 비판했다. 통상 근로를 넘어서는 시간 외 근로는 사용자들의 필요 때문에 시행되고, 근로자들이 거기에 동의를 하는 형태로 이뤄진다는 게 장 박사의 지적이다. 일을 할 수 있는 공장과 원자재 등이 모두 사용자에게 귀속되어 있고, 작업이 기본적으로 회

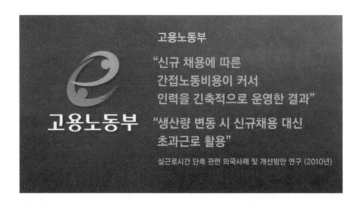

고용노동부

"신규 채용에 따른
간접노동비용이 커서
인력을 긴축적으로 운영한 결과"

"생산량 변동 시 신규채용 대신
초과근로 활용"

실근로시간 단축 관련 외국사례 및 개선방안 연구 (2010년)

사의 공정계획에 따라 이뤄지기 때문에 노동자가 원하는 대로 일할 수 없다는 설명이었다. 장홍근 박사는 "사용자들이 불필요한데 노동자들이 '나 초과근로 하고 싶습니다'라고 해서 초과근로를 시키는 그런 기업이 어디 있습니까?"라고 반문하기도 했다.

오히려 초과근무가 늘어난 이유는 회사 측에 있다는 게 대부분의 분석 결과다. 2010년 고용노동부가 내놓은 '실근로시간 단축 관련 외국 사례 및 개선방안 연구' 보고서에 따르면, 한국에서 장시간 근로가 이뤄지는 원인은 기업이 긴축적으로 인력을 운용하기 때문이었다. 탄력적인 인력 운용이 어렵고, 신규 채용을 하면 교육비 같은 비용이 발생하기 때문에 회사들이 기존 인력을 쥐어짜는 형태로 업무계획을 세워왔다는 것이다.

또 하나 첨예한 문제는 통상임금에 붙는 초과근무수당 할증률이다. 박병원 회장은 초과근무수당 할증률을 선진국 수준인 25%로 낮춰야 한다고 주장했다. 현재는 통상임금의 50%를 할증해서 주도록 되어 있기 때문에, 이렇게 되면 초과근무수당이 절반으로 줄어들게 된다. 그렇다면 우리 노동자들

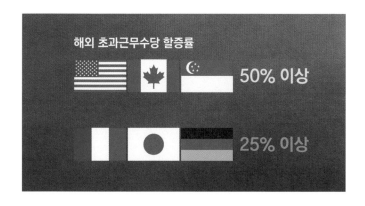

이 그동안 선진국의 두 배로 수당을 받아왔으니 줄여야 되는 걸까?

이건 반만 맞는 주장이었다. 프랑스와 일본, 독일 등의 나라에서는 박 회장 말처럼 통상임금의 25% 할증이 이뤄지는 것은 맞다. 그런데 미국과 캐나다, 싱가포르 등에서는 초과근무수당 할증률이 우리와 같은 50%다. 그러니까 각국의 노동환경과 여건에 따라서 할증률이 다르게 적용된다고 봐야 한다.

게다가 박 회장은 ILO가 25% 할증률을 권장한다고 했는데, 실제로는 최소치로 권장했다는 점에서 차이가 있다. ILO는 '초과노동에 따른 급여 할증률은 통상임금의 4분의 1보다 적어서는 안 된다'고 명시했다. 적어도 25% 보다는 많아야 한다고 했으니, 25%를 할증하든 50%를 할증하든 그것은 각국 사정에 따르는 것이 맞다.

그렇다면 노동시간을 줄였을 때 새로운 고용이 창출된다는 재계의 주장은 맞는 것일까? 이 역시 상당히 논란이 많은 주장이었다. OECD 고용노동사회국 자료에 따르면, 1990년 후반부터 2000년대 초반까지 노동시간을 단축한 프랑스와 독일에서는 이러한 조치가 신규 고용 창출로 연결되지 않았다. 2000년대 후반에 노동시간 단축을 단행한 캐나다 퀘벡주도 별다른 효과를 보지 못했다. 네덜란드의 경우 전체 고용률이 높아지기는 했지만 단시간 근로가 적극적으로 활용되면서 부작용을 낳았다. '노동시간 단축해야 새로운 일자리 만들어진다'는 주장을 액면 그대로 받아들이기는 힘들어 보인다.

물론 한국의 노동시간은 너무 길고, 이 문제를 해결해야 한다는 인식 역시 상당히 축적되어 있는 상태다. 하지만 이는 노사 양측이 서로 머리를 맞대고 사회적 합의를 도출해야 할 대상이다. 재계가 노동자들을 협의의 파트너

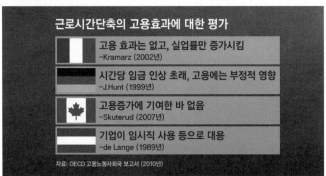

로 인정하지 않고, 박병원 회장의 말처럼 노동자들에게 책임을 전가하는 방식으로 일관한다면, 그러한 사회적 합의는 점점 멀어질 수밖에 없을 것이다.

직장인 평균 월급 264만 원, 정말 평균치일까

영국에서 아주 특별한 가장행렬이 열렸다.
소득을 가진 모든 사람이 한 시간 동안 행렬에 참여하는데
소득에 따라 그 키가 정해지는 것.

맨 먼저 땅속에 머리를 파묻은 신용불량자들이 등장했다.
이어 등장한 주부, 시간제 근로자들의 키는 불과 몇 센티미터 수준.
30분이 지나도 여전히 키가 1미터를 간신히 넘는
난쟁이들의 행렬이 이어진다.

그러다 48분이 지나선 2미터가 넘는 대졸 사원과
5미터가 넘는 변호사가 등장하더니
마지막 몇십 초를 남겨두고 나타난 이들은
구름마저 뚫을 듯한 수십 미터의 거인들이었다.

네덜란드의 경제학자 얀 펜이
1971년 개념적으로 만든 이른바 '난쟁이 행렬'이다.
한 시간 행렬의 대부분을 채운 이들이
평균 신장 이하여서 붙은 이름이다.

한국에서 이런 행렬이 펼쳐진다면 평균치는 언제 등장할까.
또 행렬 막바지에는 과연 얼마나 큰 거인이 등장할까.

2014년 국내 근로소득자 분포

18억원

1억원

3172만원
(월 264만원)
1.7m

2300만원
(월 191만원)

1.1m

연 186만원
10cm

0분

15분

31분

45분

60분

'평균 월급 264만원'의 진실

김선택 회장 한국납세자연맹

이번 조사는 (2014년에) 귀속 연말정산 검증했던 1,600만 명
정도의 근로소득자를 대상으로 조사한 겁니다.

'평균 월급 264만원'의 진실

김선택 회장 한국납세자연맹

시간제 근로자나 비정규직 노동자 중의 상당수가 연말정산을
하지 않기 때문에 이번 통계에서 제외됐습니다.

2015년 9월 국정감사. 국회 기획재정위 소속 새정치연합 윤호중 의원이 낸 자료가 보도된 뒤 논란이 일었다. 한국납세자연맹과 함께 전년도 연말정산 자료를 분석해봤더니 우리나라 월급쟁이의 평균 연봉이 3172만 원, 월급으로 따지면 264만 원이라는 내용이었다. 인터넷과 SNS에서는 '200만 원 넘게 받는 사람이 그렇게 많냐', '나는 평균 이하의 사람이구나', '학창 시절 반평균 올리는 사람이었는데 이젠 평균 깎아 먹는 사람이 됐다' 등등 자조적인

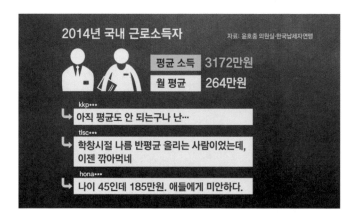

반응이 올라왔다. 그래서 '숫자를 믿을 수 없다'는 반응도 있었는데, 확인 결과 수치는 틀리지 않았다.

_____평균을 끌어올린 어마어마한 거인들

왜 이런 반응이 나오게 됐는지 따져보기 위해선 얀 펜(Jan Pen)이라는 네덜란드 경제학자가《소득분배》라는 저서에서 분석한 내용을 소개할 필요가 있다. 그는 영국에서 소득이 있는 모든 사람이 거리에 나와 한 시간 동안 가장행렬을 했다고 가정했다.

소득에 따라 키를 정해 작은 순서대로 시작한다. 처음에는 파산한 사업가 등 빚더미에 올라 있는 이들이 땅에 파묻혀 등장했다가, 이후에는 땅바닥에 거의 붙어서 가는 사람들이 행진을 이어갔다. 30분이 지나서야 1미터가 조금 넘는 사람들이 나타났는데, 40분이 흐르자 갑자기 2미터 넘는 사람들

얀 펜 Jan Pen / 네덜란드 경제학자
소득분배
Income Distribution
(1971년)

이 나타나더니 급기야는 15미터, 20미터, 행렬이 끝나기 직전엔 수십 미터에 이르는 거인들이 지나가게 됐다. 하지만 전체적으로 보면 한 시간의 행진을 채운 대부분의 사람들이 평균 신장 이하의 작은 이들이어서 '난쟁이 행렬'이라는 이름을 붙이게 됐다. 워낙 거인들이 평균치를 높여 놓다 보니 이런 모습이 연출된 것이다.

　이번에 나온 자료를 바탕으로도 한국 근로소득자들의 가장행렬을 진행해봤다. 가장 초반에 출발하는 사람들은 연소득 186만 원, 그러니까 월 15만원 정도 수입인 이들이다. 한국인의 평균 신장이 170센티미터라고 하면 이들의 신장은 10센티미터 정도 되는 셈이다. 30분쯤이 흘러도 분쯤에 지나가는 사람들의 신장은 1미터 정도에 불과하다. 근로소득자의 평균소득이라고 했던 월 264만 원 소득자들이 등장하는 것은 행렬 시작 40분여가 지난 후다. 그리고 나서는 영국과 마찬가지로 2미터 넘는 사람들이 나타나고, 막바지에는 연봉 1억 원에서 20억 원, 키로 따지면 100미터가 넘는 사람들까지 불쑥

얀펜의 난쟁이 행렬 Parade of Dwarfs. Pen(1971)

등장한다. 그러니 월소득 264만 원이 평균이라고 해도 행렬의 중반인 30분 시점에 등장할 수 없는 것이다.

30분에 지나간 사람의 키는 몇일까? 경제학적으로는 실제 모든 근로자를 한 줄로 세웠을 때 정확하게 가운데 있는 사람을 '중위소득자'라고 한다. 이번 조사 결과에서 보면 월소득 191만 원 정도인 사람이 여기에 해당했다.

그렇다면 우리 사회 전체에서 딱 중간에 있는 노동자가 모두 한 달에 191만 원을 번다고 볼 수 있을까? 그렇지 않았다. 이번 조사는 2014년 귀속 연말정산을 검증했던 1600만 명 정도의 근로소득자를 대상으로 한 것이다. 시간제 근로자나 비정규직 노동자 중 상당수가 연말정산을 하지 않기 때문에 이번 통계에서는 제외됐다. 그래서 "상대적으로 연봉이 낮은 이들의 수치가 반영되지 않았기 때문에 평균소득 수치뿐 아니라 중간소득 수치까지 높게 나왔다"라는 게 김선택 한국납세자연맹 회장의 이야기다.

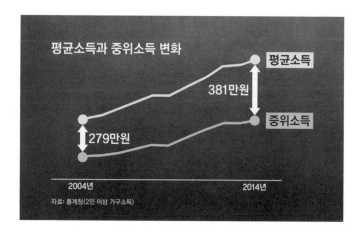

평균소득과 중위소득 변화

평균소득

381만원

중위소득

279만원

2004년   2014년

자료: 통계청(2인 이상 가구소득)

이렇게 평균치를 놓고 논란이 일고 있다는 것은 그만큼 소득 격차 문제가 심각하다는 방증이다. 그래서 이런 자료가 발표됐을 때 평균이 얼마냐보다 더 중요하게 봐야 하는 것이 평균소득과 중위소득 간의 격차다. 지난 10년간 통계청 자료를 보면 평균소득의 상승 속도를 중위소득이 따라잡지 못하고 있는 모습이다. 그만큼 격차도 더 커지고 있다.

최근 조세재정연구원이 나라별로 상위 10%가 전체 소득의 얼마를 차지하는지 비교해본 적이 있다. 영국은 2006년 42%였던 이 수치가 2012년 39%로 줄었고, 프랑스 역시 33%에서 32%로 감소했다. 하지만 한국은 42%였던 게 오히려 45%로 증가했다.

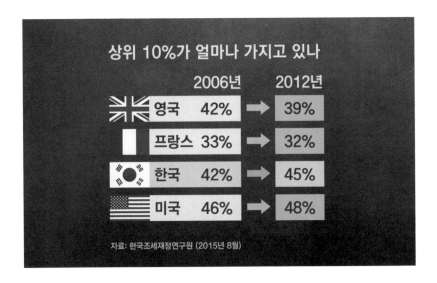

자료: 한국조세재정연구원 (2015년 8월)

한국의 소득 불균형 수준에 빨간불이 들어왔다는 지적은 그동안 꾸준히 나왔었다. 지금과 같은 '난쟁이 행렬'이 계속 이어지는 한, 이처럼 평균소득과 관련한 자료가 나올 때마다 논란과 박탈감도 계속될 수밖에 없다.

코리아 블랙프라이데이,
'대박 할인'의 기회일까

2015년 10월 1일,
정부의 주도 하에
'한국판 블랙프라이데이'가 시작됐다.

백화점, 대형마트는 물론이고
편의점과 인터넷 쇼핑몰까지
모두 대대적인 할인행사에 나섰다.

심지어 동네 슈퍼마켓에서
100원 할인해주는 과자 한 봉지에도
'블랙프라이데이 행사'라는 딱지가 붙었고
전봇대에도 '눈물의 폐업 할인행사' 대신
'블랙프라이데이'란 문구가 붙었다.

미국의 블랙프라이데이 기간엔
어마어마한 할인 폭 덕에
미국 연간 소비의 20% 이상이 일어난다고 한다.

한국판 블랙프라이데이 행사 역시
절호의 쇼핑 찬스일까,
아니면 빠듯한 살림 더 짜내는 눈속임일까?

Korea Grand Sale

코리아 블랙프라이데이

9.28 (월) ~ 10.14 (수)

'한국 블랙프라이데이' 통합까

K FRIDA

미국에선 매년 11월 마지막 목요일인 추수감사절이 끝나면 그 다음날 금요일부터 크리스마스나 새해까지 유통업체와 제조업체들이 대대적인 세일에 들어간다. 한 해가 끝나기 전에 재고를 다 털고 가겠다는 의도도 있다. 90%까지 할인하는 품목도 있어 쇼핑 열기가 전국적으로 대단한데, 이 기간을 '블랙프라이데이'라고 한다.

1961년 미국의 필라델피아에서 이 용어가 처음 사용됐다. 싼값에 물건을 사려는 소비자들로 쇼핑몰 주변이 너무 혼잡해 경찰과 운전사들에게는 끔찍한 날이라고 해서 이런 이름이 붙었다고 한다. 업체 입장에서는 거의 한 해동안 적자를 보다가도 이때부터 바짝 팔아 흑자로 돌아선다고 해 블랙프라이데이라고 한다는 이야기도 있다.

_____코리아 블랙프라이데이는 가을 정기세일?

그런데 한국의 경우 기획재정부가 코리아 블랙프라이데이를 실시하겠다고 한 시점이 10월 1일이다. 미국에선 추수감사절에 해당하는 명절이 추석이다

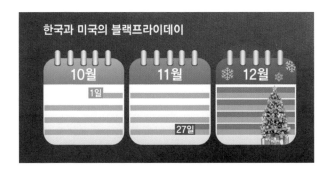

보니 그에 맞춰 시기를 잡은 것이다. 하지만 추수감사절에 추석을 그대로 대입하기엔 미국과 한국의 상황이 너무 다르다.

미국 블랙프라이데이의 경우 거의 1년의 마지막 한 달 동안 진행된다. 한국에서 진행된 코리아 블랙프라이데이는 10월 1일부터 해서 11월, 12월 연말까지 석 달이나 된다. 그러니 미국처럼 한 해를 마무리하며 재고를 처리한다는 개념과는 거리가 있다.

양국의 소비 성향 차이도 크다. 미국 소비자의 경우 크리스마스를 앞두고 가장 선물을 많이 주고받지만, 한국의 경우 추석 전에 선물을 주고받을 뿐 직후엔 특별히 그럴 계기가 없다. 그러니 쇼핑 대목을 겨냥했다고 보기도 힘들다. 무엇보다 가장 큰 차이는 양국의 유통구조다. 한국 유통업체의 경우 봄 정기세일, 여름 정기세일에 브랜드별 세일까지 하면 1년 내내 세일을 한다는 말이 있을 정도다. 결국 가을 정기세일을 조금 확대하면서 '코리아 블랙프라이데이'라는 거창한 이름만 붙이는 상황이 예상되는 것이다.

물론 그럼에도 불구하고 실제 예전보다 큰 폭의 할인을 해준다면 소비자 입장에선 마다할 이유가 없다. 하지만 구조적으로 미국 수준의 대규모 할인을 하기 힘들다는 게 전문가들의 이야기다. 미국 백화점과 우리 백화점의 세일은 개념 면에서 차이가 있다. 미국은 직매입, 그러니까 옷이든 화장품이든 백화점에서 직접 사서 팔고, 재고 부담도 떠안는 구조이다 보니 90%에 세일해서 팔아버리는 게 가능하다. 하지만 한국은 백화점이든 쇼핑몰이든 제조업체가 직접 들어와 판매하고 일정 비율의 임대수수료를 내는 형태다. 일종의 부동산 장사다. 그러니 사실 백화점 입장에선 재고 부담도 없고, 할인도 이 수수료 폭에서만 가능하다.

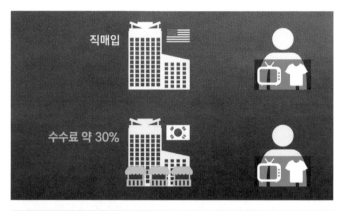

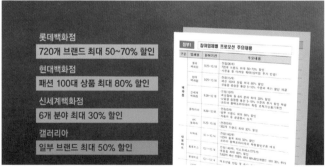

인하대 소비자아동학과 이은희 교수는 "한국에서는 유통업체들이 재고 터는 비용을 제조업체에 전부 전가하는 식으로 되어 있는 데다, 세일을 너무 자주 해서 이번 블랙프라이데이가 그동안 하던 세일과 뭐가 다른지 구분도 안 간다"라고 지적했다. 결국 실질적으로 화끈한 할인이 가능하려면 유통업체가 아닌 제조업체들이 참여해야 한다. 하지만 기재부에서 공개한 코리아 블랙프라이데이 참여업체 리스트를 보면 제조업체가 아닌 유통업체 일색이다.

_____최대 70% 할인! '최대'의 함정

그런데도 각 업체들은 코리아 블랙프라이데이를 홍보하면서 '50~70% 할인', '최대 80% 할인'이라는 문구를 내걸었다. 겉으로 보면 소비자들이 혹할 수밖에 없는 상당한 할인 폭이다. 하지만 자세히 보면 대부분 '최대'라는 말을 붙여놨고, '일부 품목에 한해'라는 조건도 달아났다.

과거 백화점 정기세일 때도 각 언론사에 배포한 홍보사진을 보면 블랙프라이데이라는 표현만 없을 뿐 지금처럼 '일부 브랜드', '최대 70%까지'라는 조건을 걸고 세일한다는 경우가 많았다. 또 미국 블랙프라이데이와 다른 중요한 점은 유명 명품업체들이 세일에서 빠졌다는 사실이다.

이미 지난 몇 년 동안 미국 블랙프라이데이 시즌 동안 해외직구를 하는 국내 소비자들의 규모는 급속도로 증가했다. 이들을 붙잡겠다며 2014년 일부 업체들이 자체적으로 한국판 블랙프라이데이 행사를 한 적이 있다. 그러면서 이른바 '반값 제품'을 내놓겠다고 했는데 정작 뚜껑을 열어보니 명품백은 단 10개, 고가의 최신 스마트폰은 24대, 이런 식으로 극히 일부 상품에 불과해 비난이 쏟아졌다.

이번 코리아 블랙프라이데이는 어떨까, 한국경제연구원 정회상 부연구위원의 의견은 다음과 같다.

"소비자를 위해서 디스카운트(할인)를 하는 건 아니겠죠. 유통업 용어 중에 'loss leader pricing'이라고 있는데, 한국식으로 보면 '미끼상품 판매' 정도로 번역이 됩니다. 각 유통업체가 일부 제품의 할인을 많이 해주는 대신 다른 상품의 가격을 올린다는 거예요. 결국, 소비자의 총지출은 비슷하거나 더 많아지는 겁니다."

일일이 가격 비교가 쉽지 않은 소비자 입장에선 유통업체가 대대적으로 내건 세일 기간에 '그래도 싸겠지', '그래도 뭔가 있겠지'라는 생각으로 지갑을 열기 쉽다. 2014년 미국에서는 한 카드게임 회사가 장난으로 블랙프라이

데이 기념 소똥을 상품으로 올려놨는데, 무려 3만 명이 구입하기도 했다. 그만큼 블랙프라이데이라는 이름 자체가 주는 힘이 대단한 셈이다.

정부는 코리아 블랙프라이데이 시행 2주가 지난 뒤 "참여 유통업체의 매출이 7000억 원 이상 증가했다"라고 자랑했고 또 이를 매년 정례화하겠다고도 했다. 분명 국내 대형 유통업체들에는 숨통이 트일 기회가 됐고 내수경기 진작에도 도움이 됐을 것이다. 하지만 소비자들의 후생에도 실제적으로 도움이 된 것인지, 소비자만 '봉'이 된 것은 아닌지, 정부가 코리아 블랙프라이데이의 성과를 자랑하기에 앞서 심각하게 생각해봐야 할 문제다.

법인 명의 외제차,
알고 보니 탈세차?

롤스로이스, 벤틀리, 페라리, 마이바흐….
이름만 들어도 눈이 휘둥그레지는 소위 '슈퍼카'들.
억대를 쉽게 넘나드는 이런 고급 수입차들은
대체 어떤 사람들이 타는 건가 싶었는데,
알고 보니 대부분이 회사 명의 차량이었다는 소식.

2015년 국내에서 판매된
롤스로이스의 93%, 벤틀리의 82%, 람보르기니의 75%가
법인, 즉 회사 명의로 등록됐다.

2인승 스포츠카가 회사의 '업무용' 차량으로 쓰인다고?
게다가 세금 혜택까지 받는다고?
이런 뉴스에 시민들이 분통을 터뜨린 건 자연스러운 결과였다.

어떻게 이런 일이 가능했던 걸까.
바로잡을 방법은 무엇인가.

마세라티 그란투리스모
2억4000만원

페라리 488 GTB
3억8000만원

마이바흐 S600
2억9400만원

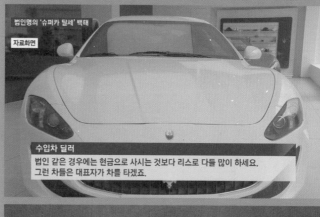

법인명의 '슈퍼카 탈세' 백태

자료화면

수입차 딜러

법인 같은 경우에는 현금으로 사시는 것보다 리스로 다들 많이 하세요.
그런 차들은 대표자가 차를 타겠죠.

1억원 이상 수입차 중 법인 비율

83.2%   1만4979대

자료: 경실련 (2014년)

'상대적 박탈감'은 세금을 걷어 운영하는 국가 입장에서 항상 예민하게 관리해야 할 문제다. 세금을 내는 사람이 다른 사람들에 비해 손해를 보고 있다고 느낀다면 당연히 조세 저항은 커질 수밖에 없고, 잠재적으로 세금을 거둬들이고 집행하는 데 부담으로 작용하게 된다. 그런데 2015년에는 고급 수입차와 관련된 이상한 세금 혜택 문제가 보도되면서 일반 시민들의 상대적 박탈감을 높이는 사태가 벌어졌다. 수억 원을 호가하는 일명 '슈퍼카'들이 대한민국에서 없어서 못 파는 상황이 벌어진 배경에는 잘못된 세금 혜택과 느슨한 법인 비용 관리가 있었기 때문이다.

최근 몇 년간 수입차의 비중은 꾸준히 높아져 왔는데, 그중에서도 '슈퍼카'의 성장세가 가파르다. 축구 스타 리오넬 메시가 타고 다녀서 유명해진 스포츠카 마세라티는 한 대에 2억 4000만 원인데, 2014년 아시아·태평양 지역 판매량의 3분의 1 이상이 한국에서 팔렸다. 또 3억 원을 호가하는 페라리 488GTB(3억 8000만 원)나 마이바흐 S600(2억 9400만 원) 같은 차를 구입하기 위해서는 수개월씩 대기를 해야 한다.

이런 열기는 숫자로도 잘 드러나는데, 2014년 국내에서 판매된 수입차

수입차 판매 대수

단위: 대

19만6000

15만6000

13만1000

10만5000

12만

2011년　　　2012년　　　2013년　　　2014년　　　2015년 6월

자료: 한국수입차협회

는 19만 6000대로, 3년 전(10만 5000대)과 비교해 2배 가까이 늘었다. 2015년에도 상반기에만 12만 대가 팔려나갔다. 한국은 수입차 업체들에 '가장 뜨거운 시장'으로 불린다.

_____수입차 판매, 법인 영향력이 결정적으로 작용

3년 동안 국민소득이 두세 배로 늘어난 것도 아닌데 수입차 판매 신장세가 이렇게 가파른 데에는 법인들의 영향력이 결정적이었다. 경실련 조사 결과, 2014년 국내 판매된 1억 원 이상 고급 수입차 1만 4900여 대 가운데 83.2%가 법인 소유였다. 고급 수입차 10대 가운데 8대는 법인차였던 셈이다.

　　법인 차량은 당연히 사업 목적으로 사용해야 한다. 영업이나 배달, 출장처럼 사업적인 용도로 사용하는 게 자연스럽고, 그런 기업 활동에 사용하라고 세금 혜택이 주어지는 것이다. 그런데 페라리, 람보르기니 같은 스포츠카를 영업이나 배달을 위해 사용한다고 생각할 수 있을까?

현장에서 일하는 수입차 딜러들에게 확인해본 결과, 실제 법인 차량들은 현금보다는 리스 등의 형태로 구입하는 경우가 많았고, 회사 대표들이 와서 직접 차를 보고 선택하는 경우가 대부분이었다. 그러니까 차를 회사 명의로 사서 대표 본인이 사적으로 타고 다니는 경우가 많다는 얘기였다. 공무를 위해서나, 의전을 위해서 고급 차량이 필요할 수도 있지만, 2억 원이 넘는 스포츠카의 용도를 설명하기엔 부족해 보인다.

법인들이 이런 고급 수입차를 선호하는 또 다른 배경에는 세금 감면이 있다. 법인 차량을 운용하는 데 들어간 돈을 '업무상 비용'으로 처리해 법인세를 깎을 수 있기 때문이다.

법인 차량으로 선호도가 높은 BMW 520D를 예로 들어보자. 이 차를 구입해서 5년 동안 운행할 경우, 금융비용이나 기름 값, 정비 등을 포함하면 약 1억 800만 원 정도가 든다. 그런데 이 차량이 법인차가 되면 이 금액을 사업에 필요한 경비로 신고할 수 있다. 그렇게 되면 법인세 계산을 할 때 그 금액만큼 공제해서 세금을 매기게 되고, 결론적으로 약 2600만 원의 세금을 아

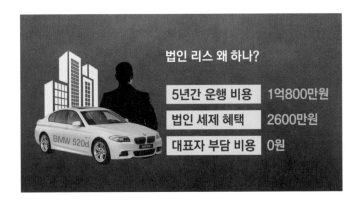

법인 리스 왜 하나?

5년간 운행 비용	1억800만원
법인 세제 혜택	2600만원
대표자 부담 비용	0원

낄 수 있다.

게다가 실제로 차를 이용하는 대표는 자기 주머니에서 나가는 돈이 없으니, 이중 혜택을 보는 셈이다. 대표 본인은 자기 돈 안 쓰고, 회사는 세금 덜 내고, 결국 국가는 그만큼 세금을 못 걷는, 명백한 꼼수다.

_____ '나쁜 외부성'의 영향

새누리당 이이재 의원실 조사 결과, 2012년 수입차 리스를 통해 새나간 세금이 약 7000억 원에 달했고, 2015년에는 1조 원에 달할 것으로 추정된다. 결국 그만큼 세수가 줄어드는 것이다.

문제는 세금뿐만이 아니다. 서울대 경제학부 이준구 교수는 수입차의 '나쁜 외부성' 개념을 강조한다. 비싼 수입차의 비중이 높아질수록 사고가 났을 때 한 건당 지급되는 보험금의 규모는 커진다. 그러면 보험사는 이 부담을 다음 해 보험금 인상에 반영하게 되는데, 결국 수입차 운전자만이 아니라 보험 소비자 모두에게 피해가 돌아가는 셈이다. 최근 비싼 수입차와 부딪칠 경우에 대비해서 추가 보험을 드는 현상도 이러한 나쁜 외부성의 영향이라

고 볼 수 있다.

법인들의 '꼼수'로 발생하는 이러한 사회적 비용을 줄이기 위해서는 어떤 조치를 취해야 할까? 외국에서는 간편한 해법을 제시하고 있다. 미국·일본처럼 업무 차량이 활성화된 지 오래된 나라들은 업무용 차량 운행일지를 꼼꼼하게 챙기도록 한다. 법인차를 사용할 때마다 날짜와 행선지, 주행거리 등을 꼬박꼬박 기록하게 하고, 이게 세금공제 근거가 되기 때문에 사적으로 차량을 쓰는 걸 막을 수 있다.

아예 경비 처리 금액을 제한하는 방법도 있다. 미국의 경우 2000만 원, 일본과 캐나다는 2600만 원으로 법인세법상 필요경비 인정액을 엄격히 제한하고 있다. 비용으로 인정해주는 금액이 제한적이기 때문에 우리처럼 수억 원이 넘는 차량을 운용하기가 어렵다.

사실 법인 차량 문제는 2007년부터 여러 차례 관련 법안이 제출될 정도로 논란이 많았던 사안이다. 실제 2015년에 세법을 개정해 한 해에 인정받을 수 있는 경비 처리 한도를 800만 원으로 하향 조정하기도 했다. 하지만 경비 처리 기간에 여전히 제한을 두지 않아서 실효성이 떨어진다는 지적이다. 과거에 연 2000만 원씩 5년간 운용하던 걸 800만 원씩 13년 이용하는 식으로 바꿔버리면 아무런 차이가 없기 때문이다. 그래서 궁극적으로는 미국이나 캐나다처럼 비용 처리 총액을 제한해야 한다는 주장이 나오는 것이다.

결국 제값 주고 꼬박꼬박 이자 물어가면서 차량을 구입하는 서민들이 상대적 박탈감을 해소하는 데는 이번에도 실패했다. '수입차 천국 대한민국' 뉴스는 다음에도 또 입길에 오르게 됐다. 과연 언제쯤 잘못된 세금 혜택 꼬리를 도대체 언제 제대로 잘라낼 수 있을 것인가.

법인차 운행 일지

차량운행일지 2000년 0월 0일					담당	책임자
차량번호		차종		운전자		(인)
탑승자		운행구간		운행시간	운행거리	
부서	성명					
		부터 ~	까지			km
		부터 ~	까지			km
		부터 ~	까지			km
		부터 ~	까지			km
		부터 ~	까지			km
		부터 ~	까지			km
		부터 ~	까지			km
		부터 ~	까지			km

법인차 운행 일지

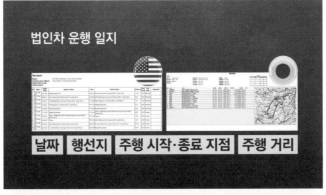

날짜	행선지	주행 시작·종료 지점	주행 거리

법인차 경비처리 제한

모르면 독이 되고 알면 득이 되는 것들 × **141**

국산, 국내산, 수입산의 모호한 원산지 기준

2015년 한국의 곡물자급률은 24%에 불과했다.
2010년 27.6%에 비해서도 3.6%p나 하락한 상황이다.
한국인들이 먹고 있는 곡물의 대부분을 수입에 의존하고 있다.
이러한 추세는 앞으로 더욱 심화될 우려가 있다.

이러한 상황이다 보니,
밥상에 오르는 식품들의 원산지 표시에
아무래도 예민해질 수밖에 없다.

되도록 장거리 이동을 하지 않은,
가능하면 우리 땅에서 자란 식품을 먹고 싶은 것은
사실 자연스러운 것이기도 하다.

하지만 정기적으로 원산지 표시에 대한 단속이 실시되고,
관련 규정을 강화하고 있다고 하는데도
이러한 불안은 쉽사리 해소되지 않고 있다.

여기에는 기준을 명확히 알기 어려운
원산지 표시의 문제도 있다.
오락가락하는 원산지 표시,
어떻게 봐야 정확하게 알 수 있을까?

2015년 8월, 원산지 표시와 관련된 논란을 촉발시킨 판결이 나왔다. 미국산 쌀을 섞어서 만든 막걸리에 '국내산 백미 100%'라고 써서 판매하던 업체가 검찰에 적발됐는데, 재판에서 이 업체에 무죄가 선고된 것이다. 미국에서 재배한 쌀을 섞었는데 어떻게 '국내산'이라고 표시해도 문제가 없다는 판단이 나온 것일까.

그런데 이런 경우가 처음 있는 일은 아니다. 맥주의 경우, 재료의 원산지와 병입을 한 생산지가 다른 경우가 종종 생긴다. 맥주의 원료인 '홉'은 독일산인데, 실제 맥주로 최종 제조되는 것은 국내 공장인 경우도 있고, 아예 맥주 제조기법만을 전수해 국내에서 생산·유통되는 해외 브랜드 맥주도 있다.

커피의 경우에도 마찬가지. 원재료인 커피콩은 콜롬비아에서 제조됐는데, 공정에서 중요한 비중을 차지하는 로스팅을 미국에서 한 경우 미국산 커피가 된다. 이 때문에 세간에서는 '원산지 표기 못 믿겠다'는 이야기까지 나오는데, 사실 이는 원산지 표기 방식에 대한 오해에서 비롯된 것이다.

일단 '막걸리 원산지 판결'의 배경을 살펴볼 필요가 있다. 막걸리 제조의 핵심은 단연 '쌀'이다. '입국'이라고 하는 누룩을 만들 때도 쌀이 필요하고, '술

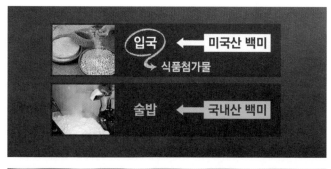

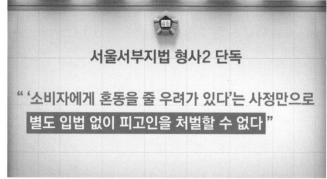

밥'이라고 불리는 고두밥도 쌀이 주원료다. 문제의 업체는 입국에는 미국산
쌀을, 술밥에는 국내산 쌀을 사용했다.

식품의약품안전처가 규정한 '식품 첨가물 기준 규정'에서 입국(누룩)은
식품 첨가물로 분류돼 있다. 식품 첨가물은 원산지를 표시할 필요가 없다. 따
라서 해당 업체는 입국에 대해서는 원산지 표시를 하지 않은 것이고, 술밥은
국내산 쌀을 썼기 때문에 '국내산'이라고 표시한 것이다. 꼼수라고 할 수는 있
지만 불법이라고 할 수는 없다. 그래서 법원에서는 '따로 법을 만들기 전까지
는 이것만으로 유죄를 인정할 수 없다'라고 판단한 것이다.

_____커피, 차, 김치의 진짜 원산지?

원산지 표기와 관련해 법적인 빈틈이 있는 셈인데, 이런 모호한 상황은 다른 품목에서도 종종 발생한다.

예를 들어 브라질에서 재배한 커피 원두를 미국으로 가져가서 볶았다면(로스팅), 이 경우 원산지를 어디로 봐야 하느냐도 국내에서 법적 분쟁까지 갔다. 소비자들 입장에서는 보통 커피나무가 자란 곳이 원산지라고 생각하기 쉽다. 그런데 그게 그렇게 간단치가 않았다.

수입품에 대한 관세 부과를 담당하는 세관이 2011년에 '볶은 커피' 수입 업체를 대대적으로 단속했다. 다른 나라에서 다 키운 커피콩을 미국에서 볶기만 한 것을 가지고 '미국산'이라고 표시했다며, '원산지 표시 위반'으로 과징금 수십억 원을 부과했다.

그러자 수입업체가 소송을 냈고, 이듬해 나온 판결에서는 업체들에게

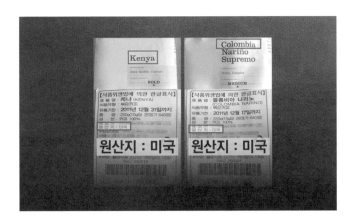

무죄가 선고됐다. '로스팅은 단순히 볶는 게 아니라 노하우가 필요한 고도의 기술집약적 공정이다. 온도, 가열시간에 따라 커피 고유의 깊은 맛이 결정되기 때문에 로스팅한 곳을 원산지로 봐야 한다'는 게 판결의 요지였다. 커피콩이 콜롬비아산이건 케냐산이건, 로스팅을 마친 원두는 미국산이 맞다고 판단한 것이다. 그런데 이런 기준 때문에 제품에 표시된 내용만 봐서는 실제 원재료가 어느 나라에서 자란 것인지 모르게 되는 경우도 종종 발생한다.

원래 차로 유명한 중국 윈난성에서 최근 커피 재배량이 빠른 속도로 증가하고 있는데, 스타벅스 같은 초대형 기업에서 상당량을 수입해 다른 지역의 원두와 섞어 제품을 만들기도 한다는 외신 보도가 나왔다. 그렇게 미국으로 가져와 볶으면, 다시 중국으로 수출돼 팔리기도 한다. 그러면 이 원두는 중국산이 아니라 미국산이 되는 것이다. 중국에서 커피를 길러 미국에서 볶아다가 다시 중국에 판매하는데, 그 커피는 미국산으로 표시되는 아이러니가 발생한다. 업체에 따라 어디서 키운 커피를 썼는지 따로 표시하는 경우도 있지만 그렇지 않은 경우도 많아서, 이렇게 소비자들이 혼란스러울 여지가 있다.

'추가 공정을 거쳤다'고 해서 모든 가공식품의 원산지가 뒤바뀌는 것은 아니다. 그 대표적인 경우가 한국에서 민감하게 생각하는 김치의 원산지 표시다. 예를 들어 중국산 고춧가루를 수입해서 국내 공장에서 김치를 버무렸다고 해도 그 김치가 한국산이 되는 것은 아니다. 김치 역시 고도의 기술집약적인 발효과정을 거친다고 볼 수 있지만, 커피와는 공정의 내용이 다르고 워낙 민감한 먹거리이다 보니 똑같이 적용하지는 않는다. 현재 규정상 주재료인 배추와 고춧가루의 원산지를 각각 표기하게 돼 있다. 소비자들이 혼동하

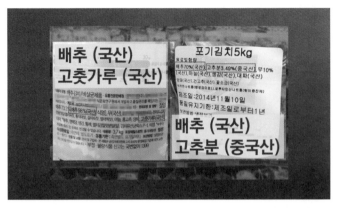

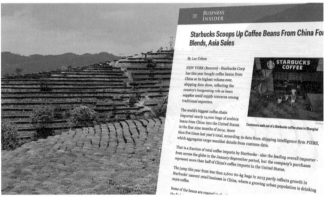

지 않도록 하기 위한 조치다.

    원산지 표시와 관련한 논란은 방송 교양프로에도 자주 등장하는 주제다. 특히 유명한 이야기가 국내에서 키운 재료로 김치를 담갔다면 '국산' 김치, 수입 재료를 가져다 한국에서 담갔으면 '국내산' 김치라고 표시해야 한다는 것이다. '국산'과 '국내산'이 각각 다르기 때문에 둘을 잘 구분해야 한다는 이야기였다. 그래서 '김치(국내산)'라고 표시한 음식점은 조심해야 한다는 식의 경고까지 돌았다.

하지만 농산물 품질관리원 관계자에게 확인한 결과, 이는 잘못된 이야기였다. 김치 안에 들어가는 재료들 중에서 물, 식품 첨가물, 주정을 제외한 모든 원료가 국산이면 '국산'이나 '국내산'으로 원산지를 일괄 표시할 수 있다는 게 관계자의 설명이었다.

원산지 표시법 시행령을 보면, 국산 농수산물에는 '국산'이나 '국내산' 둘 다 표시할 수 있다고 돼 있다. 둘 사이에 차이가 없다.

농산물 시장이 점점 개방되고 있고 교역도 복잡해지면서, 원산지와 관련한 새로운 이슈는 계속 제기될 수밖에 없다. 소비자 관심이 많은 만큼 발 빠른 대응도 필요하겠지만, 정확한 정보를 전달하지 않고 이렇게 잘못된 이야기를 부풀려 전달하면 오히려 혼란만 부추길 수 있다.

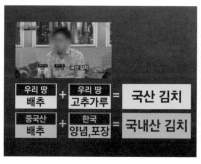

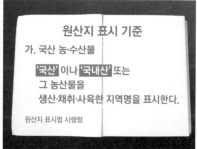

F　　A　　C　　T　　　　C　　H　　E　　C　　K

엇갈리는 '임시휴일 경제효과'
누구 말이 맞을까

메르스가 한국을 휩쓸고 간 2015년 여름.
갑자기 달력에 없던 공휴일이 생겼다.

8월 15일 광복절이 토요일과 겹치자
정부에서 그 전날인 금요일을 임시공휴일로 지정한 것.

정부에선 단 하루 휴일로
무려 1조 원의 경제효과가 있을 거라 장담하고
재계도 환영의 뜻을 밝혔다.

2013년 대체휴일제 도입을 논의할 당시
재계는 하루 9조 8000억 원의 손해가 예상된다면서
강력하게 반대했다.

2년 만에 생각이 바뀐 것일까,
아니면 경제 상황이 바뀐 걸까?
하루 더 쉬면 경제에 좋은 것인지,
나쁜 것인지 알아보자.

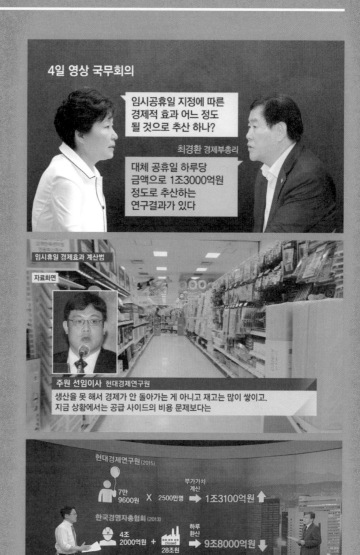

2015년 8월 4일 영상으로 진행된 국무회의에서 박근혜 대통령이 최경환 경제부총리에게 물었다.

"임시공휴일 지정에 따른 경제적 효과가 어느 정도 될 것으로 추산합니까?"

최 부총리는 자신 있게 답했다.

"대체공휴일 하루당 금액으로 1조 3000억 원 정도로 추산하는 연구 결과가 있습니다."

예고 없이 들이닥친 중동호흡기증후군(MERS, 메르스)은 국내 방역당국뿐 아니라 한국 경제에도 큰 타격을 입혔다. 얼어붙은 내수경제를 살리기 위해 정부가 꺼내든 여러 카드 중 하나가 바로 8월 14일 임시공휴일이었다. 광복절이 토요일과 겹치자 바로 전 금요일을 쉬도록 추진한 것이다. 달력에 없던 휴일을 새로 만든 것이라 정부 입장에서는 확실한 근거와 명분이 필요했다. 그렇게 해서 나온 게 최 부총리가 언급한 '1조 3000억 원 경제효과'다.

그 출처는 현대경제연구원이 낸 보고서였다. 숫자가 나오게 된 논리는 다음과 같다. 한 사람이 보통 휴일에 7만 9600원을 쓰더라, 그런데 이번 임시

현대경제연구원 (2015)

7만 9600원 X 2500만명 ➡ 부가가치 계산 1조3100억원 ⬆

한국경영자총협회 (2013)

4조 2000억원 + closed 28조원 ➡ 하루 환산 9조8000억원 ⬇

공휴일에 모두가 다 쉬는 건 아닐 테니 국민 절반만 쉰다고 봤을 때 숙박업, 음식점 위주로 해서 우리 경제에 가져올 부가가치는 1조 3100억 원 정도가 될 거라는 전망이었다.

_____2년 전 '대체휴일 하루에 9조 원 이상 손해'라는 연구 결과

그러나 2년 전 재계에서는 이와 완전히 다른 전망을 내놓은 적이 있다. 당시 정치권에선 대체휴일제 도입 논의가 한창이었다. 공휴일이 주말 등 휴일과 겹치면 평일을 하루 대신 쉬게 하자는 제도로, 여야 모두의 대선 공약사항이기도 했다.

이에 대한 입법화가 본격적으로 추진되자 한국경영자총협회에서는 엄청난 경제적 손실이 예상된다며 반대 입장을 내놨다. 휴일이 늘어나도 공장은 계속 돌려야 하니 휴일근로수당을 더 지급해야 하고, 이에 따라 미리 쌓아둬야 하는 퇴직금 부담도 늘어나니 기업 입장에선 한 해 4조 2000억 원이 더 든다고 봤던 것이다. 또 쉬느라 공장을 돌리지 못해 손해 보는 게 28조 원, 이렇게 해서 32조 원 정도 타격을 입는다고 분석했는데, 이걸 대체휴일 하루로 따져 보면 약 9조 8000억 원 손해라는 계산이 나왔다. 원래 국회에서는 모든 공휴일에 대체휴일제를 적용하는 법안을 추진했다가 재계의 이런 주장에 막혀 어린이날과 설, 추석 명절만 적용키로 절충하게 됐다.

그렇다면 단순히 계산을 해봤을 때, 정부 주장대로 하루 공휴일이 생겼을 때 1조 3100억 원의 플러스 경제효과가 있고, 경총 주장대로 9조 8000억 원의 마이너스 경제효과가 있다면, 결과적으로 마이너스 8조 4900억 원. 임시공휴일을 지정하지 않는 게 합리적이라는 결론에 이르게 된다. 왜 이렇게 서로 다른 관점에서 공휴일을 보게 된 건지, 현대경제연구원 주원 선임이사의 이야기는 다음과 같다.

> "경제가 좋을 때는 재계가 주장하는 게 맞다고 생각을 해요. 그런데 지금 경제 상황은 물건이 팔리는 상황이 아니잖아요. 생산을 못해서 경제가 안 돌아가는 게 아니고 재고가 많이 쌓이는 상황이죠. 이런 상황에서는 임시공휴일을 시행하는 게 공급 사이드에서 들게 될 비용문제보다 수요 진작 효과가 훨씬 더 클 것이라고 생각합니다."

임시공휴일로 얻을 수 있는 플러스 경제효과를 더 크게 보는 연구 결과도 있다. 현대경제연구원에서 계산한 1조 3100억 원은 숙박, 음식점, 운송업 등 관련 업종에서 생길 부가가치만을 이야기한 것이다. 이보다 앞서 정부 발주로 한국문화관광연구원에서 대체휴일제와 관련한 종합적 효과를 연구한

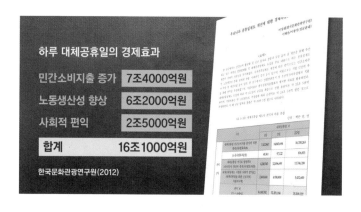

하루 대체공휴일의 경제효과

민간소비지출 증가	7조4000억원
노동생산성 향상	6조2000억원
사회적 편익	2조5000억원
합계	**16조1000억원**

한국문화관광연구원(2012)

자료도 있다. 이에 따르면 소비 지출뿐 아니라 휴식으로 인해 올라갈 노동생산성, 사회적 편익까지 감안했을 때 대체휴일 하루당 경제효과는 무려 16조 원에 달한다고 보기도 했다. 그러니 앞서 경총이 우려한 하루 9조 8000억 원 손해보다는 분명 얻는 게 더 많은 셈이다.

_____입장에 따라 제각각인 휴일의 경제효과

한편 이 연구를 진행한 한국문화관광연구원의 한 연구원은 "경총이 산정한 손해액 자체도 모든 공장이 휴일에 올스톱한다는 극단적인 상황을 가정한 거라 비현실적"이라고 지적했다. 그런데 이처럼 기관마다, 시기에 따라 너무 다른 예상 숫자가 나오다 보니 오히려 신뢰도가 떨어진다는 지적도 있다. 결론부터 정해놓고 계산기를 두드리기 시작하는 것 아니냐는 이야기다. 특히 대체휴일제 도입을 논의하던 2년 전과는 사뭇 다른 반응을 보이고 있는 재계의 모습도 도마에 올랐다. 광복절 임시공휴일과 관련, 전경련은 "메르스

로 내수가 위축된 상황에서 임시공휴일이 내수 활성화에 도움이 될 것"이라 며 환영의 뜻을 밝혔고, 대한상의는 회원사들에 좀 쉬라는 협조를 구할 예정 이라고 했다.

혹시 2년 만에 재계가 입장을 바꾼 것인지 관계자에게 물어봤다. 그러나 "광복 70주년, 또 메르스로 인한 내수 피해 등을 감안해 이번 한 번만 해보자 는 것"이라며 "유통이나 여행업계는 좋겠지만, 제조업은 여전히 피해가 크니 휴일 확대에는 여전히 반대"라는 입장이었다.

사실 여러 변수를 다 감안해야 하는 경제효과라는 것을 정확하게 예측 한다는 것은 불가능할 수도 있다. 하지만 입장에 따라, 시기에 따라 너무 다 른 극단적인 숫자가 나오는 것은 분명 문제가 있다. 갑자기 추가되는 공휴일 이 가져올 것은 1조 원 이상의 긍정적 효과일지, 아니면 9조 원 이상의 부정 적 효과일지. 어쩌면 국민들은 두 예상치 모두를 믿지 못하게 될 수도 있다.

이성태 한국문화관광연구원 부연구위원

"경총의 손해액은 대체공휴일에
모든 공장이 올스톱한
극단적인 상황을 가정한 것"

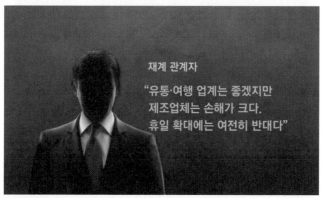

재계 관계자

"유통·여행 업계는 좋겠지만
제조업체는 손해가 크다.
휴일 확대에는 여전히 반대다"

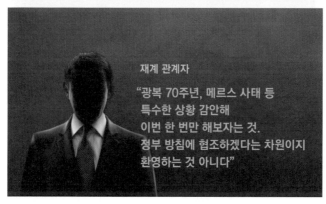

재계 관계자

"광복 70주년, 메르스 사태 등
특수한 상황 감안해
이번 한 번만 해보자는 것.
정부 방침에 협조하겠다는 차원이지
환영하는 것 아니다"

청년 실업률 8% 대 34.2%
진실은 무엇인가

세종시 기획재정부 기자실에
갑자기 유경준 통계청장이 나타났다.
예정에 없던 브리핑을 시작했는데
바로 그날 오전 발표된
한 민간 경제연구원의 보고서 때문이었다.

우리나라의 청년 실업률이
통계청 발표상으로는 8% 수준이지만
실제 체감하는 바로 따지면 무려 34.2%에 달한다는 내용.

유 청장은 "기본이 안 된 수치", "왜곡"이라며
강하게 비판했다. 민간 기관의 보고서에
통계청장이 직접 나서 반박을 한 것도 이례적이지만,
강한 어조로 경고성 비판을 한 것을 두고도
기자들 사이에선 말이 나왔다.

8% 대 34.2%.
진실은 어디에 있는 것일까.
그 조사는 정말 기본이 안 된 것이었을까.

청년 체감실업률 34% 맞나?

34.2 대 8.0
단위 : %

중국의 실업률

중국 정부 공식 집계 | 영국계 페이팅 컨설팅

"보고서 내용을 받아들이기 힘들다. 국제기준에서 웃음거리, 난센스다. 현대그룹에서 하는 연구소인데 언론에서 자꾸 다뤄주니 통계 해석이나 수치를 자극적으로 낸다. 왜곡에 가깝다."

통계청이 뿔났다. 뿔이 나도 단단히 났다.

현대경제연구원이 '청년 고용보조지표의 현황과 개선방안'이란 보고서를 내놨는데 우리나라 청년 실업률이 2015년 8월 기준으로 8%라는 발표가 있었지만, 사실상 실업 상태인, 통계에 안 잡힌 수치를 합하면 청년 체감실업률은 무려 34.2%에 달한다는 내용이었다. 그러자 유경준 통계청장이 기획재정부 기자실을 찾아와 해명 브리핑을 하면서 이와 같이 이야기한 것이다.

민간 경제연구원의 발표자료가 마음에 들지 않을 경우, 부처 차원에서 반발자료나 보도 설명자료를 내는 정도가 보통이다. 해당 국장도 아닌 통계청장이 직접 찾아와 반박을 한 것도 이례적이지만, '경고'에 가까운 메시지를 쏟아낸 것도 기자들에겐 의아한 일이었다.

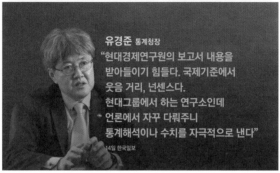

유경준 통계청장
"현대경제연구원의 보고서 내용을
받아들이기 힘들다. 국제기준에서
웃음 거리, 넌센스다.
현대그룹에서 하는 연구소인데
언론에서 자꾸 다뤄주니
통계해석이나 수치를 자극적으로 낸다"
14일 한국일보

_____기준에 따라 다양한 고용보조지표

원래 실업 통계는 집계 방식에 따라 숫자가 조금씩 바뀌는 게 맞다. 하지만 8% 대 34.2%. 이렇게 큰 차이가 나는 건 선뜻 납득하기 힘들다. 현재 통계청에서는 공식 실업률 외에 세 가지 보조지표를 추가로 사용하고 있다. 2015년 8월 기준으로 볼 때 15~29세 청년층의 공식 실업률은 8%였다. 하지만 여기에선 당장 구직활동을 하고 있는 사람만 대상으로 하기 때문에 아르바이트생이나 장기적으로 시험을 준비하고 있는 취업준비생 등은 포함이 안 된다. 따라서 통계청에선 보통 공식 실업률에 아르바이트생을 포함시킨 보조지표1, 취업준비생을 포함시킨 보조지표2, 이 둘 모두를 반영한 보조지표3을 함께 계산해서 발표하고 있다. 보조지표1상으로 실업률은 9.9%, 보조지표2상으로 20.9%, 보조지표3상으로 22.6%까지 오른다. 그동안 실업률이 현실에 안 맞는다는 비판이 계속되니까 이런 지적을 수용해 통계청에선 2014년부터 보조지표 수치를 내놓고 있는 것이다.

그런데 이번에 현대경제연구원에서는 한술 더 떠서 34%가 넘는다고 분석했다. 통계청의 보조지표3에 '비자발적 비정규직'과 '그냥 쉬고 있다'는 청년까지 포함을 시켜 계산을 했다. '비자발적 비정규직'이란 '사실 원하진 않았지만 일단 눈앞에 있는 비정규직 일자리를 찾아간 것이고, 여전히 자기 직업이라고 생각하진 않는다'는 의미다. 그러나 현재는 일을 해 급여를 받고 있으니 실업자에 넣을 수는 없는 것 아니냐는 게 통계청의 항변이다.

한국 노동시장의 특징을 볼 때 34%라는 숫자를 터무니없게만 볼 수 없다. 최근 구직시장에는 '돌취생'이라는 말이 있다. 일단 아무 회사나 들어간 뒤 퇴사해 다시 취업준비생으로 돌아온 경우를 말한다. 한 취업포털 조사 결과 20대 구직자 절반 가까이가 한 번 이상 퇴사 경험이 있다고 답했다. 이처럼 청년층의 이직률이 높은 건 우리 노동시장만의 특이한 점이고, 이것이 청년 실업률에 영향을 미치는 중요한 원인이라는 게 전문가들의 지적이다.

통계청에서는 '그냥 쉬고 있는 청년'도 실업률에 넣어서는 절대 안 된다는 입장이다. 통계 조사원들이 와서 물을 때 "그냥 쉬고 있다"고 답한 이들인데, 이 경우 애초에 일하고자 하는 의지가 없는 층이기 때문에 실업자로 볼 수 없다는 것이다. 그런데 이렇게 '그냥 쉬는 청년'이 유독 많다는 점도 우리 노동시장만의 특징이다. '일을 하지도 않고 일할 준비도 하고 있지 않는 층(Not in Education, Employment or Training)'을 '니트(NEET)족'이라고 한다. 아예 구직

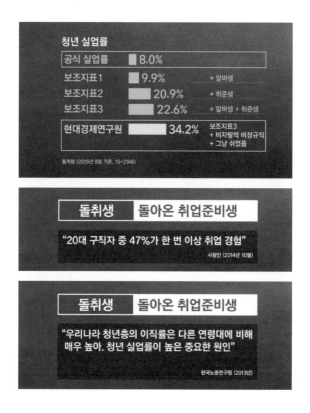

활동을 안 하는 '비구직 니트족'의 경우 1990년대 말만 해도 50만 명이나 됐던 게, 점점 증가해 100만 명을 넘었다.

정말 아무 일도 하고 싶지 않은 니트족도 꽤 있겠지만, 이것만으로는 100만 명이라는 숫자를 설명하기 힘들다. 관련 연구를 꾸준히 진행한 한국노동연구원에선 "경제도 안 좋은데 입사시험 봤다 떨어지면 경력상 안 좋은 거 아니냐, 즉 '낙인효과'를 염려해서 이를 피하기 위해 스스로 노동시장을 빠져나가는 경우도 많다"라고 분석한다.

니트족 일도 하지 않고 일할 준비도
하지 않는 사람
NEET   Not in Education, Employment or Training

비구직 니트족
50만명

100만명

1999년   2011년
한국노동연구원 (2013년 12월)

그러니 현대경제연구원이 포함시킨 그냥 쉬고 있는 청년(비구직 니트족)
이나 비자발적 비정규직(돌취생) 모두 우리 청년 실업률을 이야기할 때 중요
하게 감안해야 할 부분인 것이다.

_____ILO "각국 사정에 맞춰 지표 활용해야"

현재 통계청이 내고 있는 지표들은 국제노동기구가(ILO)가 제시한 기준을
따른 것이다. 다른 나라도 대부분 그에 맞춰 발표하는데, 하지만 각 나라는
서로 노동시장의 제도나 규제가 너무 다르다. 그러니 각국 사정에 맞춰 보완
지표를 활용하라는 게 ILO의 기본 입장이다. 현재 우리나라는 4개의 지표
쓰고 있는데, 미국의 경우 6개, 캐나다는 8개 등 각각 다양한 기준에 맞춘 통
계 수치를 내놓고 있다.

"우리 역시 현실을 반영한 더 폭넓은 지표를 검토해보자는 취지였다"라
는 게 현대경제연구원 담당 연구원의 이야기다. 그러니 유 청장 표현대로 '국

제적인 웃음거리'가 될 것인지는 좀 생각해볼 일이다.

　이번 브리핑을 통해 현대경제연구원을 졸지에 '기본도 안 된' 연구소로 매도한 것에 대해서도 문제가 제기된다. 그동안 정부가 여러 우려에도 불구하고 임시공휴일을 지정할 때 1조 3000억 원의 경제효과가 기대된다고 홍보하면서 인용한 자료가 바로 현대경제연구원의 것이었기 때문이다. 결국 필요할 때는 치켜세우고 마음에 안 들 땐 몰아세운다는 비난을 피하기 힘든 상황이다.

　더 우려가 되는 것은 민간연구소의 연구활동에 대해 정부가 압박을 하는 듯한 모습을 보였다는 점이다. 이런 현상은 중국에서도 상당히 문제여서, 최근 몇 년 동안 영국계 페이텀 컨설팅에선 중국의 실업률이 꾸준히 올라 10%를 넘어섰다고 보고 있지만 중국 내에서 발표되는 수치로는 여전히 4%대에 머물고 있다. 우리가 설마 이 정도까지는 아니겠지만 "우리만의 공식 기준을 지켜야 한다"라고 고집하는 게 청년 실업률을 잡을 수 있는 비책이 못 된다는 점은 분명하다.

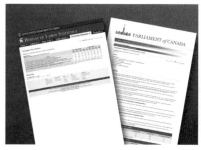

늘어나는 나랏빚,
국가재정 정말 문제없나

1초마다 약 158만 원.
한국의 국가채무가 늘어나는 속도가 무섭다.
2014년 7월 500조 원을 넘어선 이후
2년도 안 된 2015년 말 기준으로 100조 원이 또 불어났다.

국가부채만 문제가 아니다.
가계부채는 현재 1200조 원을 넘어서
국내총생산(GDP) 대비 84%에 이른다.
기업부채 비율은 106%로, 신흥국 중 네 번째다.
공공부채와 가계부채, 기업부채까지 이른바 트리플 부채다.

부채, 즉 빚은 언젠가 갚아야 한다.
부채가 계속 늘어나는 게 좋은 일이라고 할 수는 없다.
그런데 한국 정부는 아직 국가부채가
'괜찮은 수준'이라고 안심시키려 한다.
한국의 국가부채 수준은 정말 안전한 걸까?
혹시 위기의 전주곡은 아닐까?

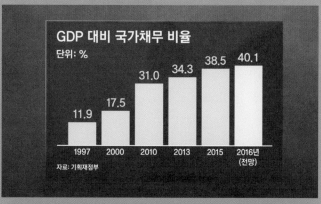

GDP 대비 국가채무 비율
단위: %

1997	2000	2010	2013	2015	2016년 (전망)
11.9	17.5	31.0	34.3	38.5	40.1

자료: 기획재정부

성태윤 연세대 경제학부 교수

"지금은 재정건전성이
좋은 수준이지만 경기침체,
장기적인 인구 구조 문제와
복지 수요 고려할 때
우려되는 상황"

한국의 국내총생산(GDP) 대비 국가채무 비율이 사상 처음으로 40%를 넘어섰다. 20년 전인 1997년만 해도 11.9%였던 게 40% 이상으로 훌쩍 뛰다 보니 '이거 괜찮은 거냐' 하는 걱정의 목소리가 나올 수밖에 없다.

하지만 정부에서는 '아직 안심해도 된다'는 입장이다. 다른 선진국이나 경제협력개발기구(OECD) 국가들에 비해 심각한 수준이 아니라는 설명도 내놨다. 과연 한국의 국가채무는 안심해도 될 만한 수준인 걸까?

방문규 기획재정부 2차관

"2007년 이후 우리나라 국가채무 비율은 약 9%p 올라 40% 정도. OECD는 평균 74%에서 115% 정도로 높아져"

방문규 당시 기획재정부 2차관은 우리 국가채무 비율의 증가 속도가 가파르지 않다고 설명했다. 2007년 전 세계적인 금융위기 이후 국가채무 비율이 급증하긴 했지만, 다른 나라들에 비하면 증가 속도가 빠르지 않다는 것이다.

한국은 2016년 기준 40%에 도달했고, OECD 국가들은 평균 115%에 이르기 때문에 상대적으로 아직 재정 여력이 있다는 정부 설명이 완전히 틀린 말은 아니다. 실제로 몇몇 나라의 국가채무 비율 보면 미국이 111%, 이탈리아가 160%, 일본은 무려 229%에 이르고 OECD 평균은 114.6%다. 수치만 놓고 보면 한국은 상당히 건전한 재정 상태를 유지하고 있는 셈이다.

하지만 이런 나라들과 일괄 비교하는 게 무리라는 전문가들 지적이 많았다. 한국경제연구원 허원제 연구위원은 미국과 일본의 사례를 들었다. 미국은 달러라는 '기축통화'를 가지고 있다. 전 세계 화폐의 중심이자 거래 기준이기 때문에, 국제시장에서 강력한 파워를 발휘할 수 있다. 한편 일본은 해

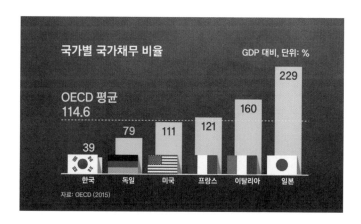

국가별 국가채무 비율　　　GDP 대비, 단위: %

OECD 평균
114.6

39　79　111　121　160　229
한국　독일　미국　프랑스　이탈리아　일본

자료: OECD (2015)

외자산이 상당히 많아서 GDP 대비 국가채무 비중이 200%를 넘어서도 버틸 수 있는 체력이 있다는 게 허 연구위원의 설명이었다. 미국은 빚을 많이 지면 새로 돈을 찍어내면 되는 나라이고, 일본은 그만큼 담보로 잡을 게 많다는 얘기다.

한국은 수치상으로는 40% 정도 수준이지만, 증가 속도가 상당히 빨라서 주의가 필요하다고도 지적했다. 스페인의 경우, 국가채무 비율이 10년 전만 해도 우리와 비슷한 수준인 36.1%였지만, 2012년 재정위기를 맞은 이후 92.8%까지 급등했다. 우리도 안심할 수 없다는 얘기고, 특히 외부 환경에 흔들리기 쉬운 한국 경제의 특성상 선진국 채무비율과 비교하는 건 무리일 수 있다.

국가채무 비율 40% 돌파에 대한 정부의 또 다른 해명은 늘어난 국가채무 가운데 절반 이상이 국민주택채권이나 외국환평형기금채권 등 '부수적 요인'에 의해 생긴 빚이라는 내용이다. 부수적 요인으로 생긴 빚은 그만큼 쉽게 갚을 수 있는 빚이고, 걱정하지 않아도 되는 빚이라는 주장이다.

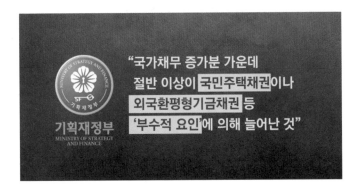

_____규모와 질, 모든 면에서 나빠지고 있는 국가채무

국가채무에는 두 종류가 있는데, 금융성 채무와 적자성 채무다. 금융성 채무는 쉽게 말해, 돈을 빌려오긴 하지만 그대로 쌓아두거나 빌려온 액수에 해당하는 자산이 있는 경우를 말한다. 실제로 '구멍'이 생기는 건 아니기 때문에 소위 '질 좋은 채무'라고 하는데, 앞서 정부가 이야기한 주택채나 외평채가 여기 해당한다.

반면 적자성 채무는 나라 살림에 구멍이 났을 때 이를 메우기 위해 지는 빚이다. 빚을 상쇄할 수 있는 자산이나 담보가 없는 순수한 빚이기 때문에 나중에 결국 세금 등으로 갚아야 한다. 소위 '질이 나쁜 채무'인 것이다.

정부에서는 '질 좋은 빚'의 비중이 절반 이상이기 때문에 국가채무가 아직 괜찮다는 입장을 고수하고 있다. 하지만 '질 나쁜 채무'인 적자성 채무가 차지하는 비중도 꾸준히 증가하는 추세로, 2014년에는 53.5%에 달한다. 이 때문에 국회 예산정책처에서도 2015년 7월 보고서를 통해 "국가채무 규모

국가채무에서 적자성채무 비중

"국가채무 규모가 커지면서
채무의 질도 지속적으로
악화되고 있다"

대한민국국회

국회예산정책처,7월 24일

46.9%

2009년   2014년

자료: 기획재정부·국회예산정책처

가 커지면서 채무의 질도 악화되고 있다"라고 경고한 바 있다.

그런데도 정부는 낙관론을 시종 유지하고 있다. 방문규 차관은 한국의 재정 건전성이 국제기구나 신용평가사들이 다 인정하는 대로 충분한 여력이 있다고 강조했다. 심지어 국제통화기금(IMF) 같은 경우에는 오히려 재정을 더 확장하라고 주문하고 있다는 게 방 차관의 주장이었다.

워낙 다른 나라에서 침체가 오래 진행됐기 때문에 한국의 재정 건전성이 상대적으로 우수한 것은 사실이다. 국제 신용평가사들도 긍정적으로 평가하고 있다. 국제 신용평가사 피치는 3년 넘게 한국의 신용 등급을 AA-로 유지하고 있는 중이다.

하지만 이런 분위기에는 중요한 단서가 함께 달려 있다. '공공부문 부채가 예상치 않게 증가하거나 성장세가 구조적으로 약해진다면 등급 하향될 수 있다'는 피치의 지적에 귀를 기울여야 하는 이유다. 연세대 경제학부 성태윤 교수도 오랜 경기 침체, 또 장기적으로 우려되는 인구구조 문제와 이에 따른 복지 수요 증가 등을 생각하면 지금과 같은 좋은 상태를 계속 유지할 수 있을지 우려된다고 이야기했다.

나라 경제의 뿌리가 흔들렸던 외환위기를 겪었던 국민들에게 '나라 빚'은 민감한 이슈일 수밖에 없다. 국가채무가 빠르게 늘고 있는 상황에서 '40%'라는 숫자만 놓고 "안심해도 된다"고 설득하는 정부에 선뜻 고개를 끄덕이긴 힘들다.

'경제 외교' MOU의
진짜 의미는 무엇인가

세일즈 외교.
무역과 경제교류에 초점을 맞춘 외교를 말한다.

국가 정상들 간에 회담을 갖는 목적은 다양하지만,
세계 10위권의 대표적인 교역국가인 한국은
그중에서 '세일즈 외교'를 중시해왔다.

이명박 정부 시절에는
'자원외교'라는 이름으로 성과를 강조했고,
박근혜 정부 들어서도
정상회담에서 몇 건의 양해각서(MOU)를 체결했는지
경쟁적으로 보도해왔다.

그렇다면 이렇게 문서 개수에 초점을 맞춘 평가가
과연 정확한 성과를 반영하는 것일까?
몇십 조 원 규모로 이뤄졌다는 양해각서 체결은
우리 경제에 충분한 성과로 돌아왔을까?

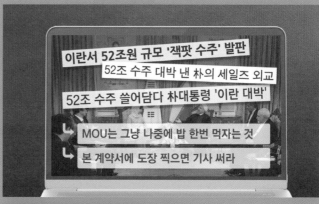

이란서 52조원 규모 '잭팟 수주' 발판

52조 수주 대박 낸 朴의 세일즈 외교

52조 수주 쓸어담다 朴대통령 '이란 대박'

MOU는 그냥 나중에 밥 한번 먹자는 것

본 계약서에 도장 찍으면 기사 써라

'경제 외교' MOU의 의미는?

조우성 변호사
아직은 계약을 체결하기에는 논의가 성숙되지 않은 거예요.
그런데 우리 한번 같이 가보자 그런,

'경제 외교' MOU의 의미는?

조우성 변호사
미리 상대방을 찜 해보고 싶은 마음이 있을 때 MOU를 체결하는데…

MOU 64건 체결,

42조 원 프로젝트,

역대 최대 경제외교 성과.

2016년 5월 이뤄진 한·이란 정상회담 후에 청와대에서 올린 SNS 내용은 온통 '세일즈 외교'의 성과로 도배가 되어 있었다. 언론매체들도 청와대의 이러한 홍보 내용을 그대로 받아서 비슷한 보도를 쏟아냈다. '잭팟 수주', '대통령의 세일즈외교가 대박을 터뜨렸다', '구두로 합의한 내용까지 합쳐서 52조 원을 쓸어담았다' 이런 제목들이 신문 1면을 장식했다.

하지만 온라인 댓글에서는 다른 분위기도 보였다. 'MOU를 가지고 너무 호들갑 떤다'는 이야기가 주였다. 'MOU는 그냥 나중에 밥 한번 먹자는 인사 같은 거다', '본계약서 도장을 찍고 나서 이야기해라' 같은 반박들이 쏟아졌다. 청와대 홍보와 너무 다른 댓글들. 그렇다면 정상외교 성과로 꼽히는 MOU 체결의 진짜 의미는 무엇일까.

MOU는 'Memorandum of Understanding'의 약자다. 그대로 해석하면

'서로 이해한 것을 정리해 둔 것'이라고 할 수 있다. 일반적으로 기업 간에 국제계약을 맺을 때 크게 세 가지 단계를 거치게 된다. 먼저 비밀유지 약정서(NDA, Non-Disclosure-Agreement)를 쓰고, 그다음에 MOU를 체결한다. 마지막으로 정말 중요한 내용이 담겨 있는 본계약(Main Agreement)을 체결하는 순서로 진행된다.

국가 간에 맺는 약정도 여러 종류가 있다. 외교부에서 정리한 내용에 따르면 가장 격식과 구속력이 높은 조약부터 헌장, 협약, 의정서, 교환각서 순서로 되어 있고, 가장 낮은 단계가 MOU다.

때문에 MOU는 기본적으로는 법적 효력이 없다. 조우성 변호사는 미국·영국식 MOU는 원래 법적 구속력이 없는 게 원칙이라고 강조했다. 다만 아직 본계약을 체결하기엔 논의가 성숙되지 않았을 때, '우리 한번 같이 가

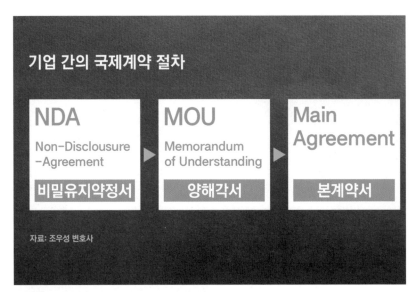

기업 간의 국제계약 절차

NDA
Non-Disclousure
-Agreement
비밀유지약정서

▶

MOU
Memorandum
of Understanding
양해각서

▶

Main Agreement
본계약서

자료: 조우성 변호사

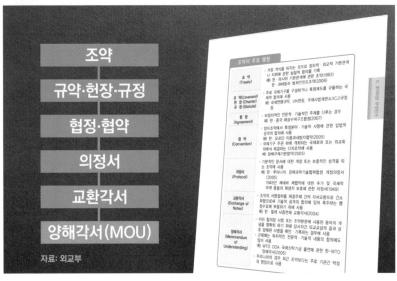

조약

규약·헌장·규정

협정·협약

의정서

교환각서

양해각서(MOU)

자료: 외교부

조약의 주요 명칭

조 약 (Treaty)	• 가장 격식을 따지는 것으로 정치적·외교적 기본관계 나 지위에 관한 실질적 합의를 기록. (예) 한·러시아 기본관계에 관한 조약(1993) 한·과테말라 범죄인인도조약(2006)
규 약(Covenant) 헌 장(Charter) 규 정(Statute)	• 주로 국제기구를 구성하거나 특정제도를 규율하는 국 제적 합의에 사용 (예) 국제연합규약, UN헌장, 국제사법재판소(ICJ)규정
합 정 (Agreement)	• 비정치적인 전문적·기술적인 주제를 다루는 경우 (예) 한·중국 해상수색구조협정2007)
합 약 (Convention)	• 양자조약에서 특정분야·기술적 사항에 관한 입법적 성격의 합의에 사용 (예) 한·요로단 이중과세방지협약(2005) • 국제기구 주관 하에 개최되는 국제회의 또는 외교회 의에서 체결하는 다자조약에 사용 (예) 담배규제기본협약(2005)
의정서 (Protocol)	• 기본적인 문서에 대한 개정 또는 보충적인 성격을 띄 는 조약에 사용 (예) 한·루마니아 경제과학기술협력협정 개정의정서 (2005) 1949년 제네바 제협약에 대한 추가 및 국제적 무력 충돌의 희생자 보호에 관한 의정서(1949)
교환각서 (Exchange of Notes)	• 조약의 서명절차를 체결주체 간의 각서교환으로 간소 화함으로써 기술적 성격의 합의에 있어 복잡하는 행 정수요에 부응하기 위해 사용 (예) 한·칠레 사증면제 교환각서(2004)
양해각서 (Memorandum of Understanding)	• 이미 합의된 사항 또는 조약본문에 사용된 용어의 개 념을 명확히 하기 위해 당사자간 외교교섭의 결과 상 호 양해된 사항을 확인·기록하는 경우에 사용 • 근래에는 독자적인 전문적·기술적 내용의 합의에도 많이 사용 (예) WTO DDA 국제신탁기금 출연에 관한 한·WTO 양해각서(2005) • 우리나라의 경우 최근 조약보다는 주로 기관간 약정 의 명칭으로 사용

자료: 외교부

보자'라는 식으로 서로 간의 입장을 선점하고자 할 때 MOU를 체결한다는 것이다.

그렇기 때문에 MOU를 체결해 놓고 나중에 이해관계를 따져본 뒤 취소하는 경우도 생긴다. 청와대가 한·이란 정상회담의 성과로 MOU를 강조하자 비판이 쏟아지는 것도 이런 이유 때문이다. 실제 청와대에서 발표한 프로젝트 30건을 하나하나 분석해 본 결과, 법적으로 약속이 된 경우는 가계약 상태인 2건과 일괄 정부계약(GA) 1건, 그리고 업무협력합의각서(HOA)를 맺은 3건까지 총 6건뿐이었다. 나머지 상당수 프로젝트들은 양해각서인 MOU와 합의각서인 MOA에 합의한 정도였다.

물론 양국 정상 간에 맺은 MOU를 너무 가볍게 흘려버릴 수는 없다. 실제로 기업들이 국경을 넘어 사업을 추진할 때는 국가 정상끼리 만나는 단계에서 MOU를 체결하는 것이 중요하다. 이후 기업인이나 실무자들끼리 구체적인 본계약을 진행해 나가는 것이 통상적인 순서이기도 하다.

건국대 오정근 교수는 외교적·비즈니스적으로 당연히 긍정적인 효과가 있다고 강조했다. 정부 차원에서 기업을 지원하는 방법은 금융 지원 같은 방식도 있지만, MOU를 체결해서 기업들이 그걸 바탕으로 해당 국가에 진출할 수 있는 기회를 만들어주는 것도 있다는 게 오 교수의 설명이었다.

다만 문제는 MOU가 얼마나 실제로 실현되느냐 하는 점이다. MB 정권 때만 해도 자원외교 등으로 여러 나라와 많은 MOU를 맺었던 것이 치적으로 대대적인 홍보가 이뤄졌다. 하지만 2015년 국정조사에서 96건에 이르는 MB 정부 MOU 가운데, 실제 본계약으로 이어진 건 16건에 불과했다는 사실이 드러나기도 했다. MOU 건수가 외교적 성과로 얘기가 될 수는 있지

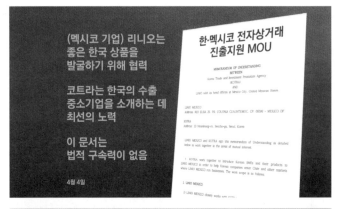

만 바로 경제적 성과로 이어지는 것은 아니기 때문에 좀 냉정하게 봐야 된다는 얘기다.

　박근혜 대통령의 2016년 4월 멕시코 방문 때 MOU를 34건이나 체결한 걸 두고 청와대에서는 '사상 최대의 경제효과를 거뒀다'고 홍보했다. 그런데 그 내용을 살펴보니 고개가 갸우뚱해지는 것들이 있었다. 한·멕시코 전자상거래 진출 지원 MOU 내용을 보면, '멕시코 기업은 좋은 한국 상품을 열심히 발굴하고 또 코트라는 한국의 수출 중소기업을 소개하는 데 최선의 노력을 다한다'는 원론적인 내용에 그쳤다. 게다가 해당 MOU가 법적 구속력이 없다고 명시돼 있었다. 과연 실제적인 경제 성과를 낼 수 있을지 의문이 드는 대목이다.

한·이란 정상회담이 끝나자마자 거의 모든 정부 부처·공공기관들이 MOU 체결에 대한 홍보에 나섰다. 총리실, 교육부, 국방부, 국민안전처, 심지어 원자력위원회까지 총출동해서 '42조 경제효과'를 강조했다. 하지만 지금까지 살펴본 것처럼, MOU의 의미에 대해서는 신중하게 생각해 볼 필요가 있다. '박수가 필요하다면 조금 나중에 치자'는 얘기다.

3장

현재를 산다면
반드시 알아야 할 것들

한국의 진짜 이름은
KOREA인가, COREA인가

'이름'은 '이르다', '말하다'의 옛말인 '닐다'에서 온 말이다.
어떻게 불릴 것인가가 곧 이름인 셈이다.
그래서 남들이 나를 어떻게 불러주는가에 따라서
때로는 그 사람의 정체성이 규정되기도 한다.

하물며 상징성이 무엇보다 중요한 국가라면,
이름을 무엇으로 할 것인지,
다른 나라들이 뭐라고 부르는 게 좋은지
심각하게 고민하지 않을 수 없다.

바로 이 '나라의 이름',
국호를 영어로 어떻게 표시해야 하는지를 놓고
뜨거운 토론이 벌어졌다.
지금 사용하고 있는 국호 'Korea'가 우리가 선택한 게 아니고,
그래서 부적절하다는 주장이 나왔기 때문이다.

DPR Korea

한국 축구가 정말 좋았던 시절, 2002년 한·일 월드컵 당시 사진들을 보면 유난히 눈에 띄는 글자가 있다. 'Corea'. 당시 공식 응원단 '붉은 악마'는 한국의 영문 국호. 'Korea'의 첫 글자를 C로 바꾸어 표기했다. Corea가 원래 영문 국호라는 믿음 때문이었다.

북한이 2016년 안에 영문 국호를 C로 시작하는 코리아로 바꿀 것이라는 소식이 전해지면서 C-코리아 논란이 다시 불붙었다. 그렇다면 북한은 왜 영문 국호를 바꾸려고 하는 걸까?

가장 자주 거론되는 이유는 K-코리아 영문 국호가 일제의 잔재라는 것이다. 2000년대 초반부터 북한 학계는 이 문제를 꾸준히 제기해왔다. 원래 한국의 국호는 Corea였는데 일제가 Korea로 바꿨다는 것이다. 1908년 4회 런던 올림픽 개막식 이후 참가국들이 알파벳순으로 입장하게 된 점을 고려해 한국이 일본 뒤로 가게 하려고 했으며, 1910년 한·일 강제합병을 계기로 굳어졌다는 주장이다. 그러면서 "일제가 한민족의 존엄과 자주권을 유린했다"고 비판해왔기 때문에 2016년 당 대회를 앞두고 국호의 영문 표기를 DPRK(the Democratic People's Republic of Korea)에서 DPRC(the Democratic

People's Republic of Corea)로 바꿀 수 있다는 전망이 나왔다. 북한은 이미 2015년에 일제 잔재를 청산한다며 표준시를 변경한 바가 있다.

_____C 대신 K?

실제 과거 조선이나 대한제국의 영문 문헌을 찾아보면, 서양 열강들을 상대로 한 초창기 외교 문서에 C를 많이 썼던 것은 사실이다. 조선시대《하멜 표류기》를 토대로 주중 네덜란드 총영사가 1886년에 쓴 문서를 보면, 조선을 Corea라고 쓴 것을 확인할 수 있다. 그리고 그 이전에 사용된 유럽의 문서나 고지도에도 C를 많이 사용했다.

　　하지만 이는 대부분 조선이, 스페인어나 프랑스어권 국가들에 먼저 소개됐기 때문이다. 이탈리아 출신 마르코 폴로의《동방견문록》에 고려가 카울리(Cauly)로 소개되어 있는 것도 비슷한 맥락이다. 이들 국가에서는 'ㅋ' 발음에 C를 사용하는 경우가 많다. 반면 독일어권에서 조선은 K로 시작하는

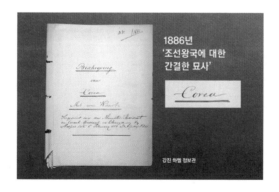

1886년
'조선왕국에 대한
간결한 묘사'

Corea

강진 하멜 정보관

Korea로 표기했다. 각국의 언어 습관이나 발음 방식에 따라 다르게 사용한 것이다.

정작 19세기에 조선은 스스로를 어떻게 표기했을까. 당시 우표를 보면 C로 쓴 것도 있고 K로 쓴 것도 있다. 한마디로 혼란스러운 상황이었다. 조선이나 대한제국 정부가 작성한 문서를 봐도 초기엔 C로 표기하다 나중엔 C와 K를 마구 섞어 쓴 모습을 확인할 수 있다.

결정적으로, 조선 정부는 자신들의 영문 국호를 '코리아'로 쓰는 것 자체를 탐탁지 않아 했다. 애초 조선은 고려를 무너뜨리고 건국된 나라인데, 망한 나라인 고려의 발음을 딴 '코리아'를 사용하는 게 당연히 달갑지 않았을 것이다. 그래서 외교 초기에는 공식 국호인 '조선(Chosen)'을 사용하려는 노력을 많이 했지만, 워낙 코리아라는 국호가 서양에 잘 알려져 있기 때문에 마지못해 그쪽을 따르게 됐다는 게 연구자들의 의견이다.

그렇다면 조선을 병탄한 일본이 C 대신 K를 쓰도록 강제했을까? 실제 어떤 조치가 있었는지 일본 정부의 공식 문서로 확인된 바는 없다. 북한 학자들의 주장대로 당시 일본 정부 차원에서 공식적인 움직임이 있었다면 당

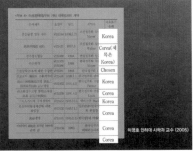

연히 외교문서로 확인되어야 할 텐데, 현재까지는 전혀 그런 증거는 나타나지 않고 있다.

다만 19세기 말 국내 거주 외국인들(특히 선교사들)이 상당수 구독했다는 '코리안 레포지토리(Korean Repository)'라는 잡지를 보면 관련 내용을 확인할 수 있다. 당시 서양 열강 사이에서도 'C를 사용할지, K를 사용할지'가 상당히 논란이 되었던 것으로 보인다. 이 잡지는 "지금 코리아에는 C와 K가 혼용되고 있는데, 미 국무성과 영국 왕립지리학회는 K를 쓰자고 결론 내렸다. 언어학적으로도 K는 'ㄱ'으로만 발음되지만 C는 'ㅅ'도 되기 때문에 혼란을 줄 수 있어, K가 C보다 낫다"라고 결론을 내렸다.

이 문제를 본격적으로 연구했던 인하대 사학과 이영호 교수는 조선이 처음에는 영문 국호를 어떻게 하는 게 좋을지에 대해 별다른 문제의식이 없었다고 봤다. 당시 일본의 책을 봐도 Corea와 Korea, Chosen 등 여러 가지로 나타나고 있다. 일본이 이 문제에 그다지 관심을 두지 않았다는 것이다. 이 교수가 주목한 건 오히려 미국의 역할이었다. 미국이 영어 발음에 맞춰 Korea로 최종 결정하면서 보편화되었다는 게 이 교수의 결론이다. 조선도 이에 맞춰 1887년 워싱턴에 주미공사관을 처음 열었을 때 Korea를 썼고, 이후 미국 위주로 이 표기를 쓰면서 Korea가 정착됐다는 설명이다.

'일제 음모설'의 결정적인 허점은 오히려 '올림픽 입장 순서'에 있다. 북한 연구자들은 '올림픽 개회식에 입장할 때 한국이 일본보다 앞서지 못하게 하려고 그랬다'고 분석했지만, IOC 규정상 입장 순서는 영어가 아니라 개최국 언어의 표기법을 따르게 돼 있다. 따라서 입장 순서는 고정된 것이 아니라 대회마다 바뀐다. 스페인 바르셀로나 올림픽 때는 한국이 Corea라고 표기돼

"미 국무성과 영국 왕립지리학회가 Korea 사용 결정"

"C를 사용한다면 모든 사람을 혼란스럽게 할 것. K가 C보다 낫다"

The Korean Repository (1897)

일본(84번째)보다 앞선 41번째로 입장했고, 러시아 소치 올림픽 때도 87번째 인 일본보다 앞서 60번째로 입장했다. 게다가 국제올림픽위원회(IOC)의 제 1 공용어는 영어가 아닌 프랑스어이기 때문에, 대부분의 경우 한국은 일본보 다 앞서 소개될 수밖에 없다. 실제로 일제가 그런 음모를 꾸몄다면, 너무나 어 리석고 어설픈 음모였던 셈이다.

알파벳 순서로 개회식에 입장하는 것도 1928년 암스테르담 대회부터 생긴 기준이다. 그러니 입장 순서에 대한 고민이 실제로 있었다면 1930년대 부터 나와야 말이 된다. 일제 강점기 동안 공식 문서를 보면, 조선총독부는 공 식 문양에는 Corea도 Korea도 아닌 Chosen이라는 명칭만을 사용했다. 그러 니 이 기간 동안에 코리아의 C가 K로 바뀌었다고 보기도 힘들다.

만에 하나 이게 정말 일제의 잔재라면, 한국이 공식 표기를 C로 바꿀 수 있을까? 물론 쉽지 않다. 여기에는 여러 가지 현실적인 문제들이 따라 붙 는다.

일단 Corea로 표기를 바꾸게 되면 바꿔야 할 게 한두 가지가 아니다. 영문 표기 약자를 그동안 Republic of Korea를 줄인 ROK로 사용해 왔는데, 이걸 ROC로 바꿔야 한다. 유엔 등 국제사회에 알려야 하는 막대한 교체비용은 물론이고, 현재 대만에서 ROC(the Republic of China)를 이미 쓰고 있는 문제도 있다.

또, 금융시장에서 현재 사용하고 있는 원화 표시를 KRW(Korea Won) 대신 CRW(Corea Won)로 바꾼다면 혼란을 피할 수 없다. 이메일 주소 등에 쓰는 약어 kr도 cr로 바꿔야 하는데, cr은 코스타리카에서 이미 사용하고 있다. 게다가 요즘 주가를 올리고 있는 K-팝이란 말도 C-팝으로 바꿔야 하는데 익숙지 않아 하는 팬들이 많을 것이다.

서울대 행정학과 박순애 교수는 "브랜드명을 바꿀 때 물리적인 비용과 가치적인 측면을 함께 봐야 하는데, 영문 국호를 바꾸면 물리적인 비용이 상당한 반면 가치를 올리긴 힘들다"고 지적했다. 그만큼 신중해야 한다는 얘기다. 여러모로 따져 봐도 한국의 영문 국호를 Corea로 바꾸는 것은 실현 가능성이 매우 낮은 공상에 가까웠다.

롯데는 일본 기업?
기업의 국적은 어떻게 정해지나

'일본 기업은 물러가라.'
'롯데가 번 돈은 모두 일본으로 건너간다.'
'일본 기업 롯데 불매 운동을 하자.'

롯데가 장남과 차남의 경영권 분쟁으로 인해
한국과 일본에서 벌어지는 소송전과 여론전은
국내 소비자에게 한 가지 의문을 불러일으켰다.

"그래서 롯데는 한국 기업인가, 일본 기업인가?"
가족 간의 다툼이 추해질수록 롯데에 대한
부정적인 여론도 커지고 있다.

기업의 국적은 무엇으로 판단할 수 있을까?
최대주주가 태어난 나라? 본사가 등록된 나라?
이번 분쟁에서 롯데의 국적은 중요한 것일까?

여러 의견이 분분하지만 국적이 어디든
경영권 분쟁 과정에서 재벌의 민낯을 그대로 보여줬다는 점에는
이견이 없어 보인다.

롯데가의 경영권 분쟁이 치열해지던 2015년 7월. KBS 뉴스를 통해 방영된 장남 신동주 전 일본 롯데 부회장의 인터뷰는 많은 국민을 충격에 빠뜨렸다. 재벌 일가가 경영권 분쟁 때문에 인터뷰를 자청한 것도 놀라운 일이었지만 인터뷰 내내 우리말을 제대로 못하고 일본어만 사용했기 때문이다.

　여론을 의식해서 딱 한마디 했던 한국말마저 상당히 어색한 발음이었다. 장남은 아버지 신격호 총괄회장과의 대화에서 아버지를 '오또상'이라고 부르고, 신 총괄회장은 차남 신동빈 회장을 일본명인 '아키오'라고 부르는 장면이 공개되면서 논란에 불을 지폈다. 인터넷에선 '어떻게 한국에서 기업 하겠다는 사람이 한국말을 못 하느냐', '롯데가 무늬만 한국 기업인 것 아니냐', '한국에서 돈 벌어다 일본에서 호의호식하느냐'는 등 부정적인 반응이 쏟아져 나왔다.

지배구조상, 법인격상 각각 다른 기준

롯데그룹의 지분 구조를 살펴보면 롯데쇼핑, 롯데제과, 롯데칠성 등 우리나라에 여러 계열사가 있는데 이들에 대한 지배력을 가지고 있는 게 호텔롯데다. 그런데 호텔롯데의 지분 대부분을 일본 롯데홀딩스와 일본 관계사들이 가지고 있고, 또 그 위에는 일본 비상장법인인 광윤사가 있다. "한국의 롯데그룹은 지배구조상으로 볼 때 결국 일본 기업이다"라는 이야기가 나오는 것도 무리가 아니다.

하지만 관련법상으로 볼 때 꼭 그렇게만 판단할 수 없다는 반론도 있다. "롯데의 자회사들은 관할 국가의 법에 따라 법인격이 부여돼 있는 하나의 객체이지 그룹이 어느 나라 국적이냐는 것은 법적으로는 의미가 없다"라는 게 경제개혁연대 이지수 변호사의 이야기다. 한국IBM 역시 본사는 미국에 있지만 한국의 상법을 준거법으로 설립된 기업이기 때문에 한국 기업이다. 그런 차원에서 볼 때 "롯데쇼핑 역시 한국 기업으로 봐야 한다"라는 게 이 변호사의 이야기다.

현행법에선 두 가지 면에서 외국 기업을 규정하고 있다. '외국에 본점을 두고 있는 회사'와 '외국법에 따라서 설립된 법인'을 말한다. 그러니 "한국에

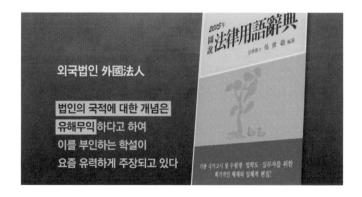

본점이 있고 한국에 법인세를 내는 롯데그룹은 한국 기업이고, 일본에 법인세를 내는 일본 롯데는 일본 기업"이라는 해석이 가능하다. 그런데 법인의 국적에 대한 개념, 그러니까 어느 나라 기업인지 따지는 것 자체가 득이 될 게 없다고 해서 요즘은 아예 법적으로 따지지 않는 추세라는 전문가들의 지적도 나온다.

카이스트 경영대학원의 장세진 교수는 "삼성전자나 포스코의 경우 50% 이상이 외국인 지분인데 그러면 이들도 외국 기업으로 볼 것이냐"라면

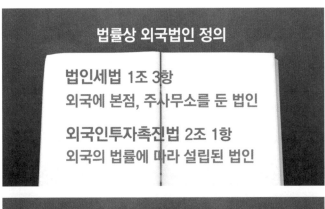

법률상 외국법인 정의

법인세법 1조 3항
외국에 본점, 주사무소를 둔 법인

외국인투자촉진법 2조 1항
외국의 법률에 따라 설립된 법인

장세진 카이스트 경영대학원 교수
"한국에 법인세를 내는
롯데그룹은 한국 기업,
일본에 법인세를 내는
일본롯데는 일본 기업"

서 "경영학적으로도 이제는 주주의 국적을 가지고 기업의 국적을 정하지 않는 분위기"라는 의견이었다. 인하대 경제학과 김진방 교수 역시 "삼성전자가 베트남 현지법인을 세우는 것과 일본 롯데홀딩스가 국내에 투자하는 것 중 어느 것이 우리 경제에 도움이 되겠느냐 하면 후자일 수 있다"면서 "기업의 국적을 따지는 것 자체가 감정적인 일"이라고 했다.

_____유독 롯데에 집중되는 국적 논란, 왜일까?

사실 롯데를 둘러싼 국적 논란은 그동안에도 종종 제기됐다. 그 논란이 단순히 반일 감정에 의한 것만은 아니라는 지적도 있다. 정선섭 재벌닷컴 대표의 이야기다.

> "만약 단지 외국에서 성공한 교포가 한국에 투자해 성공했다면 그렇게까지 우리가 반감을 갖지는 않죠. 하지만 롯데가의 비밀주의라든지, 현해탄을 넘나들면서 이뤄진 혼사 관계라든지, 이런 것들이 복잡하게 일본과 한국 사이를 오가면서 벌어진 문제여서, 국민들에게 자칫 거부감을 느끼게 만들 수 있는 여지가 충분한 것입니다."

실제 경영권 분쟁이 진행되면서 일본 국적으로 인한 롯데 오너 일가의 병역 면제, 또 외국 기업 신분으로 받은 면세 혜택 등이 하나둘 불거졌다. 2016년 2월 공정거래위원회는 롯데그룹 해외 계열사의 지분구조를 공개했다. 신격호 총괄회장과 신동빈 롯데그룹 회장, 신동주 전 롯데홀딩스 부회장

정선섭 재벌닷컴 대표

"호텔롯데가
한국 롯데 기업들을
잇는 연결고리.
롯데그룹은
지배구조상 으로 보면
일본기업 이 맞다"

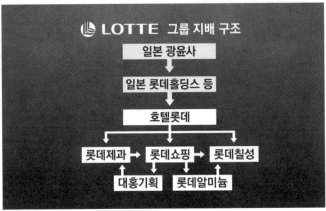

LOTTE 그룹 지배 구조

일본 광윤사
↓
일본 롯데홀딩스 등
↓
호텔롯데
↓
롯데제과 → 롯데쇼핑 → 롯데칠성
↓   ↓
대홍기획   롯데알미늄

등 총수 일가가 갖고 있는 한국 롯데 계열사 지분은 2.4%에 불과하다. 그러나 신 총괄회장 일가가 지배하는 일본 계열사들은 한국에서 지주회사 역할을 하고 있는 호텔롯데와 롯데물산 등의 주식을 50% 이상 갖고 있었다. 정선섭 재벌닷컴 대표는 "지배구조상으로 롯데는 일본 기업이 맞다"라고 말하기도 했다.

'반도체 회로보다 더 복잡한 그룹 지배구조', '총수 일가의 적은 지분을 바탕으로 한 그룹 전체의 편법 지배'. 그래서 이런 것들을 보면 어느 기업보다도 가장 한국 기업 같다는 비아냥도 나온다. 지금 롯데는 일본 기업 아닌 한국 기업임을 보여주기 위해 여러 노력을 기울이고 있다. 롯데타워에 초대형 태극기를 내걸어 논란이 되기도 했을 정도다. 하지만 단지 한국 기업이 되는 게 아니라, 어떤 한국 기업이 되느냐 역시 심각하게 고민해봐야 할 때다.

F   A   C   T   C   H   E   C   K

한국의 남녀 임금 격차는 OECD 중 최악?

'유리천장'.
충분한 능력을 갖춘 사람이 직장 내 차별 때문에
고위직을 맡지 못하는 상황을 이르는 경제학 용어다.

1970년 미국의 〈월스트리트〉저널에서 처음 만든 용어로,
특히 여성들이 직장 내 차별을 받는 현상을
설명할 때 자주 인용된다.

한국의 유리천장 지수는 선진국 중 최악으로 꼽혔다.
2015년 영국의 〈이코노미스트〉조사에 따르면,
한국은 조사 대상 28개국 가운데 최하위를 기록했다.

끝에서 두 번째를 차지한 여성의 노동시장 참여율,
겨우 2.1%에 불과했던 기업 임원 비율도 중요했지만,
평균(15.6%)의 두 배에 달한 36.7%의 임금 격차가
중요한 영향을 미쳤다.

한국 여성의 유리천장.
얼마나 단단하며 어느 정도 심각한 것일까?
지속적인 문제 제기에도 고쳐지지 않는 이유는 무엇일까?

한국 남녀 임금격차 OECD 회원국 중 최고

↳ 통계에 전업주부까지 포함시켜서 그렇다

↳ 여학생들이 이공계 회피하니
  고소득 직종에 못 간다

↳ 남성들이 위험한 업종에 종사하니
  더 받는 것 당연하다

남녀 임금격차 OECD 최악?

자료화면

김난주 부연구위원 한국여성정책연구원
단지 여성이기 때문에 이렇게 차이가 나는 것이니까. 나머지 설명되는 차이를
아무리 해소를 해도, 그냥 여성이기 때문에 있는 차별은 어렵다는 거죠.

2016년 3월 8일, 세계 여성의 날을 맞아 여러 가지 관련 보도가 쏟아졌다. 그중 OECD 공식 페이스북 계정에 업로드된 자료 하나가 한국 언론들의 큰 주목을 받았다. OECD 국가의 남녀 임금 격차를 비교해 줄을 세웠더니 한국이 36.7%로 34개 가입국 중 압도적인 1등이라는 것이다. 하지만 인터넷에선 '통계에 왜곡이 있다', '이것만 가지고 한국의 성평등 수준이 낮다고 볼 수 없다'는 반론이 잇따라 나왔다.

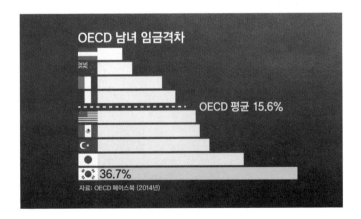

반론의 논지는 이랬다. 실제로 여성의 임금이 남성보다 37%나 적다면 모든 기업이 비용을 절감하기 위해 여성만 고용하지 않겠느냐, 그런데 그렇지 않다는 건 통계상 맹점이 있을 거라는 주장이었다. 그래서 '통계에 전업주부를 포함시켜서 그렇다'는 이야기도 나왔고, '여성들이 이공계 진학을 회피하다 보니 고소득 직종에 취업하지 못해 격차가 생겼다', '주로 남성들이 위험한 업종에 종사하니 더 받는 게 당연하다'는 주장도 일부 커뮤니티 사이트를 통해 광범위하게 확산됐다.

남녀 임금 차이의 근본적 이유

사실 이런 논란이 새로운 것은 아니다. 게다가 한국에서만 벌어지는 논란도 아니다. 한국보다 임금 격차가 훨씬 덜한 미국에서도 비슷한 주장은 꾸준히 제기된다. 여성들이 위험직군을 피하려고 하는 데다, 휴직하거나 시간제 근무를 하는 경우도 많아 돈을 덜 받을 수밖에 없다는 동영상이 논란이 되기도 했다. 한국과 미국 모두 남녀 임금 격차가 '성차별의 산물이 아니다'라는 것이 요지였다. 임금 격차에는 납득할 만한 이유가 존재한다는 것이다.

과연 타당한 주장일까? 먼저 OECD 통계는 주 40시간 이상 일하는 전일 노동자를 대상으로 했다. 한국의 관련 기관들은 전업주부를 '전일 노동자'로 인정하지 않기 때문에, '주부까지 통계에 들어갔다'는 이야기는 완전히 틀렸다.

이공계 선호도가 높은 남성들이 여성에 비해 고소득 직종에 취업하기 때문에 임금 격차가 자연스럽다는 주장은 어떨까. 이 주장이 사실이 되려면,

남녀가 사회에 진입하는 시기부터 이미 임금 격차가 발생해야 한다. 하지만 남녀 모두 첫 직장을 가질 무렵인 20~30세까지의 임금 격차가 거의 발생하지 않는다. 심지어 20대 초반의 경우 오히려 여성이 남성보다 평균적으로 많은 임금을 받기도 한다.

청년층에서는 남녀의 임금 수준이 비슷한데 전체 연령으로 확대해보면 왜 그렇게 큰 차이가 나는 것일까? 임금 격차 그래프를 좀 더 확장해서 살펴보면 그 원인을 알 수 있다. 30대 이후로 임금 격차가 벌어지다가, 40대가 넘어가면 급격하게 차이가 난다. 남자가 받는 임금을 100이라고 가정했을 때 40대, 50대가 되면 여성의 임금은 남성의 거의 절반 수준으로 떨어진다. 이 때문에 임금 통계를 합쳤을 때 큰 차이가 발생하는 것이다.

이런 현상에 대한 전문가들의 분석은 하나로 모였다. 여성의 '경력 단절'이 임금 격차의 가장 큰 원인이라는 것이다.

한국고용정보원 박세정 책임연구원은 여성이 결혼이나 출산 등으로 인

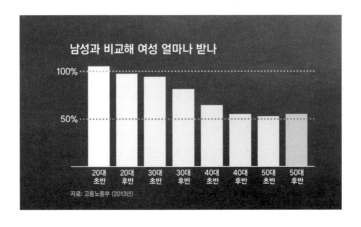

해서 경력 단절을 경험하게 되면서 노동시장에 재진입할 때 문제가 발생한다고 지적한다. 재진입 자체가 어려울 뿐 아니라, 어렵게 재취업을 하더라도 이전 수준의 직장으로 돌아가기 힘들기 때문이다. 따라서 남성과는 근속연수에서 차이가 날 수밖에 없고, 비정규직 등 불안정한 고용 형태로 진입할 확률이 높기 때문에 임금 격차가 발생한다는 얘기였다. 호봉제에 근간한 한국 노동시장에서는 근속연수가 임금에 큰 영향을 끼치며, 정규직-비정규직 간의 임금 격차가 크다는 것도 주지의 사실이다.

출산 및 육아 문제로 직장을 그만두는 여성들이 많다는 것은 일반적으로 잘 알려진 사실이다. 실제 남녀 노동자들의 근속연수 통계를 살펴봤더니 5년, 10년 이상 일한 사람 중에는 남성이 상대적으로 많은데, 여성은 신입이나 저연차 위주로 많이 분포했다. 여성이 10년 이상 근무한 경우는 남성의 절반에도 미치지 못한다.

또한 한국에서 여성 임원의 비율은 극단적으로 적은 데 반해, 비정규직

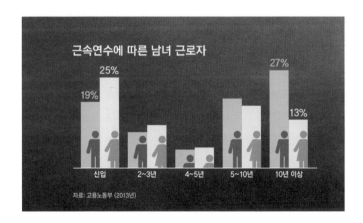

근속연수에 따른 남녀 근로자

19% 25% 2~3년 4~5년 5~10년 27% 13% 신입 10년 이상

자료: 고용노동부 (2013년)

과 저임금 노동자(노동자 평균의 3분의 2 수준 급여를 받는 노동자) 비율은 여성 쪽이 훨씬 높았다. 모두 경력 단절로 인한 현상이라는 게 전문가들의 분석이다.

경력 단절로 인한 임금 격차는 사실 세계 보편적인 현상이다. 그런데 한국에서 임금 격차가 유독 큰 이유는 무엇일까? 한국여성정책연구원 김난주 박사가 우리나라에서 남녀 임금 격차를 발생시키는 요인들을 분석한 연구를 통해 원인을 찾아볼 수 있었다.

교육연수의 기회, 업종 차이, 근속연수 등 임금 격차를 발생시키는 여러

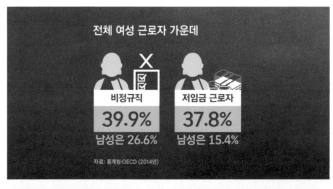

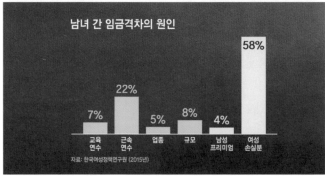

요인이 있었는데, 그중 가장 주목할 만한 것이 '왜 그런지 알 수 없는 이유'로 인해 여성이 임금을 덜 받고 있었다는 점이다. 특별한 이유 없이 남성은 4%의 임금 프리미엄을 누리고, 여성은 58%의 임금 손실분이 발생했다.

전문가들은 바로 이 지점이 '성차별'이라고 지적한다. 원인이 명확하다면 여성이 노력해서 해결할 수 있지만, 능력 유무와 상관없이 설명되지 않는 차별은 여성이 노력한다고 해서 해소되는 것이 아니다. 교육연수, 업종 차이, 근속연수 등은 난이도와 정도의 차이는 있을지언정 개인적·사회적 노력을 기울이면 언젠가는 해소될 수 있다. 하지만 '단지 여성이기 때문에' 발생하는 차별이 존재한다면, 남녀 간 임금 격차는 무너뜨릴 수 없는 벽이 된다.

'남성 프리미엄', '남자인 게 스펙이다'라는 말이 한국에서는 마냥 우스갯소리가 아님을 많은 연구들이 보여주고 있다. OECD에서 남녀 임금 격차를 조사하기 시작한 2002년 이래 한국은 14년째 압도적 1위를 차지하고 있다. 이 부끄러운 숫자 안에 우리 노동시장이 안고 있는 남녀 차별 문제가 고스란히 담겨 있다는 점을 기억해야 할 것이다.

고학력, 화이트칼라는
애국심이 부족하다?

"북한이 핵보유를 선언한 가운데 한·미동맹은 해체될 위기에 처했다.
그런데 한국의 이념 갈등은 심각한 수준이며
특히 고학력, 화이트칼라인 사람일수록 안보의식이 낮다."

국가보훈처가 6월 '호국의 달' 행사 추진 계획을 내놓으면서 한 이야기다.
이른바 '배운 사람' 일수록 안보의식이 유독 낮기 때문에
이에 초점을 맞춘 특별한 교육이 필요하다는 주장인데,
여기저기서 반발이 쏟아졌지만 보훈처에선
"우리가 조사한 바에 따라 나온 결과"라며 뜻을 굽히지 않았다.

그간 보훈처가 일관되게 주장해 온 이 내용은
70년 전 뉘른베르크 전범 재판에서 나온
이야기를 떠올리게 한다.

"국민들이 항상 지도자의 명령에 복종하게 하는 것은 쉬운 일이다.
국민에게 공격받고 있다고 선전하고,
평화론자들은 애국심이 부족하다고 맹비난하며 위험에 빠뜨리면 된다.
이것은 어느 국가에서나 작동한다."

독일의 나치 전범인 헤르만 괴링의 말이다.
지금 북한의 위협이 고조되고 있다고 강조하며,
나라가 분열되는 주범으로 특정 계층을 지목해 맹비난하고 있는
대한민국의 국가보훈처.
화이트칼라는 정말 애국심이 부족한 걸까.
이를 통해 보훈처가 얻고자 하는 것은 무엇일까.

'국민'

"여러분은 애국자이십니까?"

이 질문을 갑자기 받았을 때 선뜻 대답할 수 있는 이가 많지 않을 수 있다. '내가 정말 나라를 위해 무엇을 했을까' 자괴심이 들어서일 수도 있고, '지금 나라꼴이 마음에 안 든다'는 불만 때문일 수도 있다. "네"라는 대답이 즉시 나왔느냐 아니냐를 두고 애국자 여부를 판단하기란 쉽지 않다.

그렇다면 "네"라고 대답한 사람들 가운데서도 '누구의 애국심이 더 큰

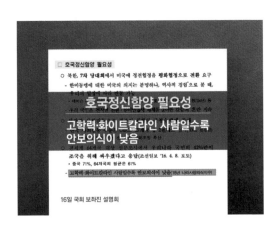

지' 판단할 수 있을까? 이 역시 사상과 양심의 영역이라 그 사람 머릿속에 들어가지 않는 한, 그 정도를 파악하기 쉽지 않다. 그런데 대한민국 국가보훈처에서는 그게 가능하다고 판단했던 모양이다. 실제 이를 측정하는 작업을 했고, 그 결과 고학력, 화이트칼라일수록 안보의식과 호국의식이 부족하다, 즉 애국심이 부족하다는 결론을 내렸다.

_____보훈처, 설문조사를 통해 각 계층의 애국심 평가

이 문제가 불거진 곳은 국회였다. 보통 국회 상임위에서 업무보고를 앞두고 해당 부처 관계자가 미리 국회를 찾아와 의원 보좌진들에게 설명회를 연다. 이 자리에서 국가보훈처 관계자가 "고학력, 화이트칼라인 사람일수록 안보의식이 낮은데, 이런 부분이 심각한 사회 갈등의 원인이고 그래서 호국정신 함양교육이 필요하다"라고 밝히자 국회가 발칵 뒤집혀졌던 것이다.

국가보훈처가 이렇게 주장한 근거는 자체적으로 진행한 '2015년도 나라사랑의식지수 조사' 결과였다. 전국 15세 이상 남녀 1000명을 대상으로 설문조사를 했는데, 20여 문항을 통해 나라사랑의식 점수를 매기고 호국의식 등에 대해 평가했다. 직업별로 분석해보니 자영업자, 블루칼라, 전업주부, 학생들 중 특히 '화이트칼라의 안보의식이 부족했다'고 결론을 내린 것이다.

과연 한 사람의 의식을 평가해 계층별로 우열을 매길 수 있는지도 의문이지만, 설문 내용을 살펴보니 그 내용부터 논란의 여지가 있었다. 일단 나라사랑의식과 관련해선 '우리나라 역사가 자랑스러운가', '기념일에 태극기를 잘 다나' 등 일반적인 질문도 있었지만, 호국의식 평가가 특히 문제였다. '최근 우리 안보수준이 어떻다고 보느냐'고 물은 뒤, '안보수준이 심각하다'고 답하면 좋은 점수, '심각하지 않다'고 하면 낮은 점수를 주는 식이었다. 또 '주한미군이 우리 안보에 얼마나 도움이 된다고 보느냐', '만약 미국과 북한 간에 전쟁이 일어난다면 어느 편에 서겠느냐'는 등 마치 사상 검증을 하는 듯한 질문도 있었다.

그러면서 '안보의식을 높이기 위해 호국정신 교육을 실시할 필요가 있다고 보느냐', '호국 인물을 국민에게 알리려면 정부에는 어떤 정책이 필요하겠느냐'는 식으로 사실상 보훈처 업무를 홍보하는 질문이 포함되기도 했다. 군대나 예비군 훈련의 정훈교육에 나올 법한 질문들이었다.

그런데 더 황당한 것은 보훈처가 '국론 분열의 주범'으로 꼽을 만큼 이들 설문 항목에서 화이트칼라의 점수가 저조했느냐 하면, 그렇지도 않았다는 점이다. '전쟁이 났을 때 참전하겠느냐'는 질문에서 화이트칼라의 점수는 71.5점으로 블루칼라(72.68점), 자영업(85.3점)보다 낮았던 것은 사실이다. 그

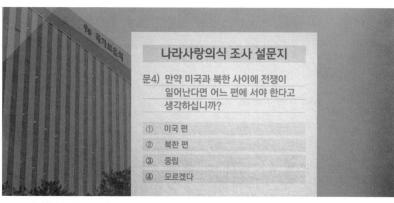

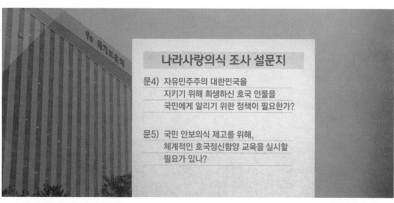

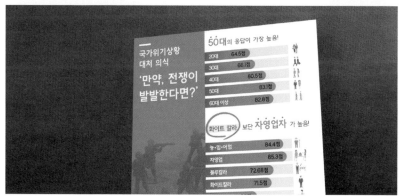

러나 나머지 질문들을 보면 '국가 위기 시 극복에 참여하겠느냐', '법질서를 잘 지키고 있느냐', '납세의 의무를 잘 지키고 있느냐', '참정권을 잘 행사하겠 느냐' 등의 질문에서는 블루칼라나 자영업자보다 점수가 더 높았다. 사실상 전쟁 발발 시 참전 여부만을 두고, 그것도 큰 격차가 나지 않았던 답변 항목 만을 두고 호국의식 낙제점자로 결론을 내린 것이다.

_____국가와 정권을 동일시하는 보훈처 조사

게다가 보훈처 조사에서 간과한 중요한 요소가 있다. 국가에 대한 생각과 정부에 대한 생각이 다를 수 있다는 점이다. 이런 설문에서는 현 정부에 대 한 인식이 그 결과에 반영될 수 있는 것이다. 고려대 사회학과 윤인진 교수 는 "오히려 화이트칼라층에서 이런 설문 결과가 나왔다는 것은 과거의 권위 주의 의식에서 벗어났음을 의미한다"면서 "국가에 대해서는 애국심이 많다 고 하더라도, 정권이 잘 못할 때는 국가에 대한 평가가 떨어질 수밖에 없다" 고 분석했다.

실제로 보훈처 조사가 진행됐던 2015년 말 당시, 한국갤럽이 실시한 대통령 국정수행 지지도를 보면 화이트칼라층에서 '잘하고 있다'는 평가는 29%, '잘 못하고 있다'가 62%였다. 부정적인 평가가 훨씬 더 많았다. 자영업 자의 경우 '잘 못하고 있다'는 응답이 34%, 블루칼라에선 53%로 다른 직업군 에 비해서도 상당히 박한 평가였다. 그러니 정부에 대한 비호감이 보훈처 설 문 결과에 반영될 수 있었던 것이다.

무엇보다도 보훈처 조사 자체에 대한 문제 제기도 많았다. "호국의식이

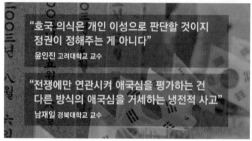

라는 것은 개인이 이성적으로 판단해야지 정권이 정해 주는 게 아니다"(윤인진 고려대 교수), "전쟁에만 연관시켜서 애국심을 평가하는 것은 다른 방식의 애국심을 거세하는 냉전적 사고다"(남재일 경북대 교수)라는 전문가들의 지적이 이어졌다.

　국가보훈처가 이런 조사를 강행하고 특정 계층을 지목해 문제 삼은 이유는 무엇일까? 앞서 보훈처가 낸 '호국의 달' 관련 자료에 그 힌트가 있다. 이 자료에서 보훈처는 한국의 사회 갈등이 너무 심각해서 이로 인한 경제적인 비용이 한 해 많게는 246조 원에 달하고, 그래서 정부가 국정을 수행하기 힘들 정도라고 분석했다. 그러면서 고학력, 화이트칼라의 부족한 안보의식이

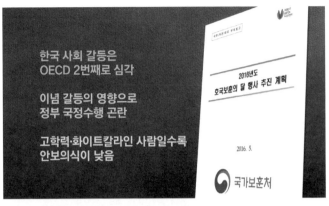

그 갈등의 주요 원인이라고 지목했는데, 결국 이런 부분이 지금 무언가 열심히 해보려 하는 정부의 발목을 잡고 있다는 판단이다.

국가보훈처 홈페이지에 가보면 박승춘 보훈처장을 소개하는 사진 위에 '보훈은 국민통합에 기여하는 정신적, 사회적 인프라'라고 적어 놨다. 그 밖에 국회에 출석해서도, 인터뷰에서도 박 처장은 자신의 행동이 "국민통합을 위한 것"이라고 누차 강조해왔다. 하지만 현 정부 들어 매년 5월 18일이면 계속되고 있는 '임을 위한 행진곡' 논란, 불출석과 막말로 불거진 '국회 무시' 논란, 또 광주 민주화운동 때 계엄군으로 투입됐던 11공수여단을 광주 시가 퍼레이드에 투입하려 했다가 철회한 해프닝까지. 자꾸 편 가르기를 하면서 진정 통합을 방해하고 있는 이가 누구인지, 그 답은 이미 모두가 알고 있다. 국가보훈처만 빼고 말이다.

세계 유일 한국식 나이 셈법, 이제는 바꿔야 할까

부자건 가난한 사람이건,
누구에게나 공평하게 주어지는 것이 있다.
바로 시간이다.
그런데 한국에서는 유독 그 '공평함'이 더 심하다.
왜냐면 새해 1월 1일을 기점으로,
모든 한국인은 똑같이 한 살을 더 먹기 때문이다.

자신의 생일이 1월이든 12월이든,
소위 '세는나이'는 똑같이 계산한다.
태어난 날짜는 거의 1년이 차이가 나지만
두 사람은 한국에서는 동갑내기가 된다.
한국식 '공평한 시간'인 셈이다.

그렇다면 어쩌다가 한국에서는
이런 독특한 나이 셈법이 자리 잡게 되었을까?
전 세계에서 유일하게 한국만 쓴다는 나이 셈법,
바꿔야 할 필요는 없을까?

'세계유일' 한국식 나이 셈법

노아 리프 미국
'한국식 나이'에 대해 처음 들었을 때 굉장히 흥미롭다고 생각했어요.
미국에선 태어나면 0살이고, 1년 후 같은 날 한 살이 됩니다.

'세계유일' 한국식 나이 셈법

터무란 중국
중국에선 한국에서보다 한 살 적어요.
그래서 중국에선 어려지고, 한국에 오면 어느새 늙어있어요.

'세계유일' 한국식 나이 셈법

아니노 나이지리아
한번은 TV에서 수지가 22살이라는 걸 봤는데,
인터넷에 찾아보니 1995년에 태어났더라고요.

매년 1월 1일이 되면, 한국에 사는 외국인들 입장에서는 이해하기 힘든 신기한 일이 벌어진다. 전 국민이 한꺼번에, 같은 날 한 살을 더 먹는 것이다. 그래서 외국인들 사이에서는 아예 '코리안 에이지'라고 칭하기도 한다.

　한국에서 나이를 따지는 방식을 국어사전에서는 '세는나이'라고 한다. 만약 2015년 12월 30일에 태어난 아이가 있다면, 이 아이는 태어나는 순간 일단 한 살을 부여받는다. 그리고 이틀 뒤, 2016년 1월 1일이면 두 살이 된다. 한국에서는 태어난 지 사흘 만에 두 살이 되는 건데, 다른 나라처럼 만 나

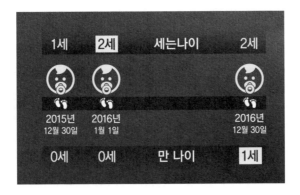

이로 따지면 2016년 12월 30일, 첫돌이 되어서야 비로소 한 살이 되는 것과
는 확실히 큰 차이다.

이런 나이 셈법은 동아시아 문화권에서 음력을 보편적으로 사용한 데
서 유래했다는 설이 유력하다. '동갑'이란 말이 '60갑자가 일치하는 같은 해
에 태어났다'고 해서 생긴 것과 일맥상통한다. 같은 해에 태어나면 같은 나
이로 치는 것이다.

_____중국과 일본의 나이 셈법

그런데 같은 동아시아권이라고 해도 중국이나 일본은 이 세는나이 방식을 포
기했다. 중국에서는 1960, 70년대 문화대혁명을 거치면서 당시 만 나이만 사
용하게 했는데, 한국식 세는나이는 '허세', 즉 '빈 나이'라고 해서 최근에는 일
부 지방을 제외하고는 사용하지 않는다.

일본 역시 1902년 만 나이를 공식 적용한 뒤 1950년 법적으로도 세는

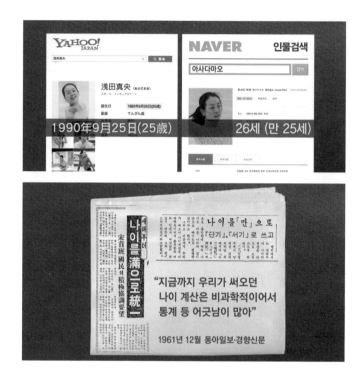

나이를 사용하지 말 것을 못 박으면서 관습상으로도 사라졌다. 실제 일본 포털 사이트에 가서 피겨선수 아사다 마오를 검색하면 '90년 9월생, 25세(2015년 12월 기준)'라고 나오지만, 한국 포털에서 인물 검색을 하면 '26세 (만 25세)'라는 식으로 두 가지 나이가 표시된다.

심지어 북한도 1980년대 이후 만 나이만 쓰게 했는데, 탈북자들이 한국에 와서 가장 크게 혼란을 겪는 것 중 하나도 세는나이라고 한다.

한국에서도 민법상 공식적으로는 만 나이를 쓰도록 돼 있다. 1962년에 '지금까지 써오던 세는나이 계산은 비과학적이라 통계 등 여러 면에서 어긋

남이 많다'면서 다른 나라와 같이 만 나이를 쓰기로 결정했는데, 지켜지지 않고 있는 것이다.

세는나이에 대한 몇 가지 설

한국만 세는나이를 고수하는 이유에 대해선 여러 가지 설이 있다. 문정희 한국전통문화원 대표 등은 "태교를 중시하는 문화로 볼 때 엄마 배 속에서부터 한 살로 보는 정서가 있어 그런 것 아니겠느냐"는 의견을 제시했지만, 똑 부러진 문헌 기록이 있거나 정설이 있는 건 아니다.

게다가 세는나이와 만 나이 외에 일부 행정적으로는 '연 나이'라는 것도 있다. 병역법이나 청소년보호법 등을 보면, 자기 생일 기준이 아니라 일정 연령에 이르는 해의 1월 1일이 되면 병역 대상이 되거나 보호 대상에서 제외된다고 규정되어 있다.

이 '연 나이'는 현재 연도에서 태어난 연도를 단순히 빼는 방식으로 계산한다. 예를 들어 77년 12월 31일생인 가수 싸이의 경우, 2015년 12월 30일에는 세는나이로는 39세다. 하지만 아직 생일이 지나지 않았기 때문에 만 나이로는 37세, 연 나이로는 38세다. 한국에서는 이처럼 한 사람이 세 가지 종류의 나이를 갖고 있는 셈이다.

이렇게 우리만 독특한 계산법을 사용하다 보니 사회적 비용이 발생한다는 지적도 있었다. 한성대 행정학과 이창원 교수는 이를 '커뮤니케이션 비용'이라고 정리했다. 외국 사람들과 소통할 때 매번 만 나이인지 한국 나이인지 따져야 하는 것 자체가 비용이라는 것이다. 행정기관에서도 나이를 만

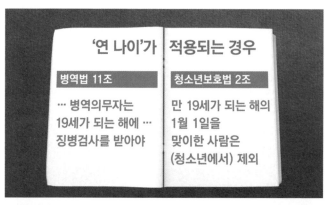

'연 나이'가 적용되는 경우

병역법 11조	청소년보호법 2조
… 병역의무자는 19세가 되는 해에 … 징병검사를 받아야	만 19세가 되는 해의 1월 1일을 맞이한 사람은 (청소년에서) 제외

세는나이	39세
만 나이	37세
연 나이	38세

싸이
1977년 12월 31일   2015년 12월 30일 기준

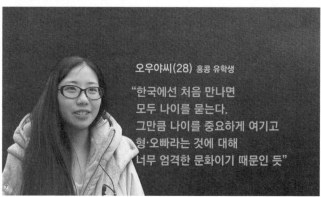

오우야씨(28) 홍콩 유학생

"한국에선 처음 만나면
모두 나이를 묻는다.
그만큼 나이를 중요하게 여기고
형·오빠라는 것에 대해
너무 엄격한 문화이기 때문인 듯"

으로 해석하는 경우들이 있는데, 이를 오해하는 민원인들과의 갈등도 종종 발생한다. "이래저래 나이 때문에 비용이 많이 드는 나라"라는 게 이 교수의 지적이다.

한국만 이렇게 독특한 방식을 갖고 있고, 또 종종 혼란이 일기 때문에 바꾸자는 이야기도 여러 차례 나왔다. 실제 몇 차례에 걸쳐 만 나이만 쓰자는 캠페인이 벌어지기도 했는데, 이미 이런 상황에 익숙해졌고 또 결정적인 문제가 없으면 그냥 쓰자는 분위기가 지금까지 이어지고 있다.

하지만 한국식 나이 셈법에 대한 외국인들의 통찰력 있는 지적은 귀담아 들을 부분이 많았다. "한국에선 처음 만나면 무조건 나이부터 묻는데 이상하다. 형, 오빠를 너무 엄격하게 따지는 문화가 있다"라는 지적이나, "한국만 오면 몇 달 차이 안 나는 사람에게도 왠지 고개를 숙여야 할 것 같다"라는 이야기 등은 결국 우리의 '나이 따지는 문화'가 서열문화와 연결되는 맥락을 잘 보여주고 있다. 지나친 서열문화와 그에 따른 부작용이 나이와 관련된 관습과 관계가 있는 건 아닌지 생각해볼 필요는 있다.

노벨상 경제학자의 '불평등론' 왜곡 논란의 진실

'좋은 불평등론'에 노벨상
"불평등이 나쁜 것만은 아냐"
디턴 vs 피케티 누가 옳은가

2015년 노벨 경제학상 수상자로
미국 프린스턴대 앵거스 디턴 교수가 선정되자
한국 매체에 나온 기사 제목들이다.

자본주의 모순을 꼬집으며
불평등 심화를 지적한
프랑스 경제학자 토마 피케티와 디턴 교수가
대척점에 선 듯한 보도 내용들.

그간 피케티의 문제 제기에 불편해했던 이들은
노벨상이 디턴의 손을 들어줬다는 수상 결과에 환호했다.
주류 경제학의 생각은 역시 달랐다는 게 이들의 주장이었다.

노벨상 경제학자는 정말 불평등 옹호론자일까?
피케티의 이론에 맞서 노벨상을 받게 된 것일까?

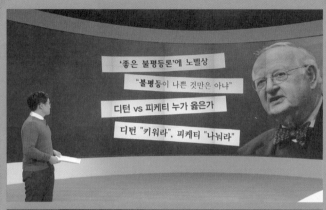

'좋은 불평등론'에 노벨상

"불평등이 나쁜 것만은 아냐"

디턴 vs 피케티 누가 옳은가

디턴 "키워라", 피케티 "나눠라"

불평등은 성장의 유인책이며
경제를 성장시키고 삶은 개선

우리 사회 일각에서 불평등이
만병의 근원이라는 무분별한
평등주의 목소리

성장과 진보를 이끌어 내는
불평등의 힘을 제대로
이해해야 한다는 디턴 교수

토마 피케티 파리경제대 교수

2015년 10월 12일. 노벨 경제학상 수상자로 미국 프린스턴대의 앵거스 디턴 교수가 선정됐다는 소식이 전해져왔다. 매해 그렇듯 이 소식을 전하는 국내 매체의 기사들이 쏟아져 나왔는데 이번엔 분위기가 조금 달랐다.

'디턴 vs 피케티 누가 옳은가'

디턴 "키워라", 피케티 "나눠라"

토마 피케티 파리경제대 교수

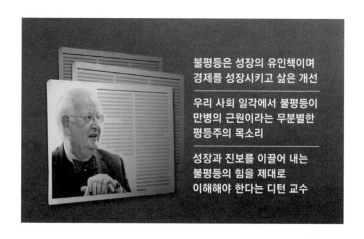

불평등은 성장의 유인책이며
경제를 성장시키고 삶은 개선

우리 사회 일각에서 불평등이
만병의 근원이라는 무분별한
평등주의 목소리

성장과 진보를 이끌어 내는
불평등의 힘을 제대로
이해해야 한다는 디턴 교수

앞서 《21세기 자본》이라는 저서로 전 세계적으로 선풍적 인기를 끌었던 프랑스 경제학자 토마 피케티와 노벨상 수장자 디턴을 대결구도로 가져가는 기사가 많았다. 그러면서 노벨위원회가 피케티와는 달리 '좋은 불평등론'을 펴 온 디턴 교수의 손을 들어줬다는 평가까지 나왔다.

_____'잘못된 기사'의 소스는 '잘못 번역된 저서'

파리경제대학의 토마 피케티 교수는 "현재 아주 극소수에게만 부가 몰리고 있고 또 이런 불평등은 자본주의의 치명적인 모순"이라고 분석한다. 그래서 "부유층에게 높은 세금, 특히 자본세를 물려서 불평등을 바로잡아야 한다"라는 게 그의 주장이다. 그러나 디턴의 노벨 경제학상 수상 소식이 전해진 뒤 일부 국내 매체에선 이런 주장을 반박하는 내용의 기사와 사설이 등장했다. '피케티 주장과 달리 불평등은 나쁜 게 아니라 성장을 촉진하는 유인책이다',

'불평등은 경제를 성장시키고 삶을 개선시킨다', '우리 사회 일각에서 불평등
이 만병의 근원이라는 무분별한 평등주의 목소리가 확산되고 있다', '성장과
진보를 이끌어내는 불평등의 힘을 제대로 이해하라는 디턴 교수의 목소리에
귀를 기울여야 한다'는 것이다.

　이런 해석의 근거는 2014년 9월 번역돼 나온 디턴의 저서《위대한 탈
출》이다. 원제는 '위대한 탈출-건강, 부 그리고 불평등의 기원'인데, 번역서
에서는 '불평등의 기원'이라는 부분을 '불평등은 어떻게 성장을 촉발시키나'
라고 의역했다. 논란이 일자 다시 원제로 개정해 출간했다. 그리고 밑에 덧붙
인 문구에는 한 걸음 더 나간 해석이 들어 있다. '피케티 vs 디턴, 모두가 불평
등을 외치는데 디턴 교수는 왜 세계가 어느 때보다 평등해졌다고 말하는가'
라는 내용이다. 하지만 고려대 경제학과 강성진 교수는 이런 문구에 대해 "말
도 안 된다"라며 펄쩍 뛰었다. "오히려 디턴과 피케티는 서로 같은 이야기를
하는 것일 수 있는데, 디턴은 워낙 개발도상국 중심으로 연구를 하기 때문에
다르게 보이는 것"이라며 "소득 분배냐 성장이냐를 대립적으로 놓고, 우리처
럼 논쟁을 벌이는 나라가 없다"라는 이야기였다. 책 표지에 나온 문구나 언론

의 해석들 모두 잘못됐다는 것에 많은 경제학자들이 동의했다.

노벨 경제학상 소식을 전하는 외신들의 보도 내용을 살펴봤더니 실제로 우리와는 많이 달랐다.

미국 〈포춘〉지는 '디턴이 후진국과 선진국 간의 불평등에 초점을 맞췄다면, 피케티는 한 국가 안에서 커지는 불평등에 초점을 맞췄다'며 서로 보완 관계라고 분석했다. 그러면서 '디턴 역시 미국 내 불평등 문제에 대해선 피케티와 같은 생각'이라고 평가했다. 실제 미국 내 불평등 문제에 대해 디턴 교수는 프린스턴대 강의 영상을 통해 이렇게 이야기했다.

"저는 일부 긍정적인 면이 있다고 해도 오늘날 미국의 소득 불평등에 대해 매우 우려하고 있습니다. 가장 우려되는 부분은, 커지는 불평등이 상당 부분 또 다른 불평등의 결과물이라는 겁니다."

게다가 디턴은 자신의 저서에서도 미국의 지금 이런 극단적인 불평등은 굉장히 이례적인 상황이며 민주주의와 성장까지 막을 수 있다고 경고했다.

_____프린스턴대 "한국판 전량 회수하고 번역 다시 하라"

이처럼 한국에서 오역 논란이 있다는 것을 알고 있는지 확인하려는 메일들이 디턴 교수와 프린스턴대 출판부에 보내졌다. 디턴 교수는 한 블로거에게 '이에 대해 조사하고 있으며 조치를 취할 것'이라는 답장을 보냈다. 그리고 며칠 뒤 프린스턴대 출판부는 한국의 출판사 측에 기존 번역본을 전량 회수하고 새로운 번역본에 대한 독립적인 감수를 요구했다.

해당 출판사에선 '디턴 교수와 독자들에게 사과하며 일부 번역이 누락된 것은 맞지만 왜곡 의도는 없었다'는 글을 SNS 계정에 올렸다. 또 표지에 피케티와 비교한 글을 넣은 것은 '마케팅 차원의 시도였다'고 해명했다. 디턴 교수가 노벨 경제학상을 받지 않았다면, 프린스턴대 출판부가 문제 제기를 하지 않았다면 마케팅을 위한 왜곡이 진실이 될 뻔한 상황이었다.

한편 이런 논란이 나온 뒤 서울대 이준구 명예교수는 "혹시나 이런 잘못

된 주장을 우리나라에도 적용하려는 사람이 나올까 걱정된다. 일부 보수 계층에서 그런 뚱딴지같은 소리가 나올 게 분명하다"라고 우려했다. 그런데 아니나 다를까 바로 며칠 후 국회에서 이런 발언이 나왔다.

[이인제/새누리당 노동시장선진화특별위원장] "불평등은 경제성장을 촉진하고 경제성장은 불평등을 완화한다. 디턴 교수의 이론이 정답이라고 생각합니다. 우리는 오히려 이 불평등을 경제성장을 촉진하는 에너지로 변화시켜야 됩니다."

하지만 실제 확인해 본 디턴 교수의 책에는 이런 내용이 없었다.

좁은 국도에서 자전거 라이딩은
교통 법규 위반일까

페달을 밟을 때마다 귓불을 스치는 상쾌한 바람.
언덕을 만나면 숨이 턱 막히기도 하지만
원동기에 의존하지 않고
두 다리의 힘으로 정상에 올랐을 때 느끼는 짜릿함.

최근 자전거 인구가 늘면서
이런 기쁨을 느끼기 위해 국도에서
라이딩을 하는 동호인들이 부쩍 늘었다.

하지만 그러면서 함께 증가한 것이
자동차와 자전거 간의 영역 갈등.

자동차 운전자들에겐
좁은 길에서 교통체증을 유발하는
자전거가 눈엣가시이고
자전거 동호인들은
우리도 도로를 이용할 권리가 있다고 항변하는데.

자동차와 자전거가
공존할 수 있는 방법은 없는 걸까?

위협운전 좀 하지마라

OO고속 실망이다

번호판 달고 도로로 나와라

교통 방해한 자전거 잘못

OO고속 홈페이지 게시판

🚲	위협이 아닌 살인미수
🚲	해당 차량 징계 내려주세요
🚌	교통질서 지키며 운전했을 뿐
🚌	자전거는 도로 이용하며 세금 내나?

'위협운전' vs '교통 방해'
누구 잘못일까?

2015년 여름, 〈JTBC 뉴스룸〉 팩트체크 SNS를 통해 제보가 들어왔다. 인터넷에 올라온 한 동영상을 두고 자동차 운전자들과 자전거 동호인들 간에 격론이 붙었는데 누가 잘못한 것인지 체크해 달라는 이야기였다.

해당 동영상의 배경은 강원도 속초로 가는 미시령 진입로 부근 왕복 4차선 도로. 경치가 수려한 곳이라 자전거에 동호인들이 즐겨 찾는 코스였다. 한 자전거 동호인들이 열을 지어 2차로, 혹은 갓길을 따라 이동하고 있었는데 갑자기 한 고속버스가 속도를 줄이지 않고 위협하듯 이들 중 한 명을 근접해 지나간 것이다. 깜짝 놀라 휘청거렸던 자전거 운전자가 이내 중심을 바로 잡아 사고로 이어지진 않았지만 누가 봐도 아찔한 순간이었다. 이 장면은 앞뒤에 있던 다른 자전거 동호인들의 블랙박스에 고스란히 담겼다.

이 영상이 공개되면서 해당 버스회사 홈페이지에선 격론이 벌어졌다. '이건 위협 정도가 아니라 살인미수다', '운전기사를 징계해야 한다'는 항의가 쏟아진 한편, '버스 운전사는 교통질서 잘 지키며 간 것인데 뭐가 잘못이냐', '자전거는 세금도 안 내고 도로 이용하면서 무슨 권리를 주장하느냐'는 반론도 만만치 않았다.

@jtbcfc 속초 자전거 vs 버스
고속
홈페이지

자전거도 주의가 더 필요하겠지만, 운전자들은
버스로 밀어(?)버려야 한다고 말하는데.
이 기회에 자전거 법규체크좀!

국도에서 자전거 위협한 고속버스

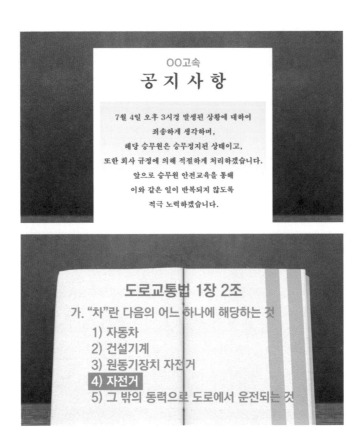

OO고속

공 지 사 항

7월 4일 오후 3시경 발생된 상황에 대하여
죄송하게 생각하며,
해당 승무원은 승무정지된 상태이고,
또한 회사 규정에 의해 적절하게 처리하겠습니다.
앞으로 승무원 안전교육을 통해
이와 같은 일이 반복되지 않도록
적극 노력하겠습니다.

도로교통법 1장 2조
가. "차"란 다음의 어느 하나에 해당하는 것
1) 자동차
2) 건설기계
3) 원동기장치 자전거
4) 자전거
5) 그 밖의 동력으로 도로에서 운전되는 것

_____도로교통법상 자전거 역시 국도 이용할 수 있어

현행 도로교통법상 자전거는 분명히 차로 규정돼 있다. 따라서 자동차 전용
도로만 아니라면 '차도'로 분류돼 있는 곳은 자전거도 이용할 수 있다. 그렇
다면 차도의 아무 곳이나 자전거가 이용해도 되는 것일까? 논란이 된 미시
령 진입로처럼 편도 2차로의 국도 경우 다음 보기 중 자전거가 이용할 수 있

는 곳은 어디일까?

① 갓길 ② 2차로의 우측 가장자리 ③ 2차로 중앙 ④ 아무 곳이나

정답은 2번 '우측 가장자리'다. 도로를 이용하되 소통에 지장을 주지 않도록 추월차로인 1차로로 진입하지는 말고, 2차로에서도 가장자리를 이용하

라는 것이다. 하지만 어느 정도가 '가장자리'인지에 대해선 딱히 정확한 규정이 없다. 다만 경찰에서는 2차로 정중앙을 기준으로 반을 갈랐을 때 오른쪽 부분을 가장자리, 즉 자전거를 탈 수 있는 곳으로 간주하고 있다.

문제가 된 속초 동영상에선 자전거가 도로 오른쪽 공간으로 달리고 있는 모습을 볼 수 있다. 해당 자전거는 도로교통법을 준수하며 운행했다고 판단할 수 있다. 그런데 여기서 함께 제기된 문제는 여럿이 함께 타고 가는 것도 법적으로 괜찮냐는 것이다. 동호회가 함께 자전거를 타는 것을 속칭 '떼빙'이라고 한다. '떼로 드라이빙한다'고 해서 붙은 명칭이다. 자동차 운전자들의 불만이 특히 집중되는 게 바로 이 떼빙이다. 혼자 타고 가는 자전거보다 훨씬 더 교통 소통에 지장을 주고 운전하는 사람 입장에서 신경도 많이 쓰인다는 것이다.

그러자 떼빙 자체가 현행법 위반이라는 지적도 나왔다. 도로교통법상 자동차들이 두 대 이상 줄지어 가는 것을 금지하고 있다. 자전거도 도로교통법

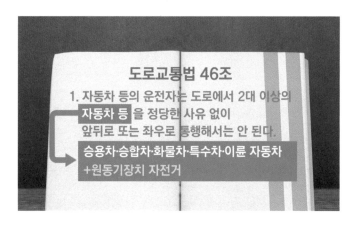

상 '차'라면 여럿이 함께 타는 것 역시 불법 아니냐는 이야기다. 하지만 법상 차량의 정의를 보면 승용차, 화물차 등 원동기를 사용한 것만 자동차로 구분하고 있다. 그러니 말장난 같기는 하지만, 자전거는 그냥 '차'일 뿐, '자동차'는 아니고, 따라서 이 법의 적용도 받지 않는 것이다. 다만 앞뒤로 일렬이 아니라 옆으로 두세 줄로 가면서 통행을 방해한다면 위법이고, 처벌 대상이 된다.

그렇다면 속초 자전거 동영상의 잘잘못을 두고 벌어졌던 격론의 결론은 어떻게 될까? 경찰청 유동배 교통안전계장에게 최종 판단을 부탁했다.

> "도로교통법 19조 2항에 보면 '자동차 등의 운전자는 같은 방향으로 가고 있는 자전거 옆을 지날 때에는 그 자전거와의 충돌을 피할 수 있는 필요한 거리를 확보해야 한다'고 돼 있습니다. 자동차 운전자에게 자전거를 보호하기 위해서 '의무'를 부과한 거죠. 그래서 만약에 사고 처리를 하게 된다면 거의 운전자 과실을 대부분 잡을 겁니다."

결국 운전자 과실이라고 볼 수 있다는 이야기인데, 다만 해당 법상 처벌 규정은 없어 운전자에 대한 법적 조치까지 이어질 수는 없다고 했다. 논란이 된 후 해당 버스회사에서는 홈페이지를 통해 운전기사를 승무정지 조치했다고 밝혔다.

_____ 자동차, 자전거, 보행자 간에는 간단한 안전원칙 있어

그런데 자전거가 '차'이기 때문에 차도를 이용해야 한다면, 마찬가지로 인도

로 다녀서는 안 된다는 논리가 성립한다. 실제로 현행법상 자전거는 인도를 이용해서는 안 된다. 안전상의 이유로 노약자나 어린이만 예외적으로 인도에서 자전거를 탈 수 있게 돼 있다. 또 횡단보도를 건널 때도 자전거에서 내려 끌고 걸어가야 한다.

　그런데 최근 인도 위에 자전거 도로를 병행해 만들어 놓은 곳이 부쩍 늘었다. 한 공간을 보행자와 자전거가 함께 쓰다 보니 사고도 잦아졌고, 책임소재를 놓고 분쟁도 많아졌다. 보행자들은 자전거 운전자가 주의를 태만히 했으니 자전거 책임이 크다는 반면, 자전거 운전자들은 보행자가 자전거 전용도로로 들어왔으니 자신들은 책임이 없다고 주장한다. 하지만 인도 위에 표시된 자전거 도로는 '자전거 전용도로'가 아니라 '자전거 보행자 겸용도로'다. 그렇기 때문에 보행자가 무심코 자전거 도로로 표시돼 있는 곳에 들어갔다가 사고가 났다 하더라도 자전거 책임이 더 크다.

　이와 비슷한 분쟁이 자주 일어나는 곳이 강변 공원이다. 자전거 전용도로라며 보행자를 무시하고 쌩쌩 지나는 운전자들이 많기 때문이다. 하지만 서울시에 확인한 결과, 한강 공원 내 자전거 코스는 100% 자전거 보행자 겸

용도로다. 따라서 보행자와 사고가 나면 자전거 운전자가 상당한 책임을 져야 한다.

이런 논란이 끊이지 않고 불거지는 이유는 늘어나는 자전거 인구에 비해 법규나 문화가 제대로 따라가지 못하기 때문이라는 게 전문가들의 지적이다. 그런데 이처럼 애매한 상황이 발생했을 때 아주 간단한 판단 원칙이 있다는 게 경찰청 유 계장의 이야기다. "약자를 보호하면 된다"라는 것이다. 자동차를 운전하는 사람은 사람을 죽일 수 있는 흉기를 모는 것인 만큼 자전거 운전자를 우선 보호하고, 자전거 운전자는 보행자를 우선 보호하면 된다는 것이다.

자전거와 자동차 간의 갈등은 비단 우리만 겪는 문제가 아니다. 해외에서도 사회문제로 불거졌지만 결국 우리와 마찬가지로 '자동차와 자전거가 도로를 함께 잘 쓰자'는 쪽으로 결론이 났다. 그래서 미국이나 영국에 가면 'Share the Road'라는 문구와 함께 자동차와 자전거 간에 1.5미터의 거리를 두라는 표지판을 곳곳에서 볼 수 있다. 상황에 따라 언제라도 내가 잡은 게 자동차 핸들이 될 수도, 또 자전거 손잡이가 될 수도 있다. 상대방 입장에서 배려하는 여유가 결국 모든 교통 관련 논란의 해결책인 셈이다.

4장

정보의 홍수 속에서
팩트를 찾는다는 것

F   A   C   T   C   H   E   E   C   K

'아기가 타고 있어요' 스티커 붙이면
우선 구조되나

...
2002년, 캐나다에서 큰 교통사고가 일어났다.
경찰이 도착해서 탑승자들을 모두 구조했고
사고 차량은 견인해서 폐차장으로 옮겨졌다.

다음 날 경찰이 사고 수습을 위해 폐차장에 가보니
사고 차량 뒷좌석에 다치지 않은 채 방치됐던 아기가
밤사이 얼어 죽은 채로 발견되었다.

이 비극적인 사건 이후, 캐나다에서는 차량에
'아기가 타고 있어요' 스티커를 부착하기 시작했다.
...

'아기가 타고 있어요' 스티커의 기원이라고
온라인에서 많이 회자되는 이야기다.
이 때문에 차량에 스티커를 부착해두면
사고 시 아기를 우선 구조한다는 얘기도 퍼졌다.

과연 이 이야기는 얼마나 신빙성이 있는 걸까?
차량 뒤에 붙이는 스티커가 정말 효과가 있을까?

'아기가 타고 있다'는 내용의
차량 스티커 왜 붙일까?

1. 사고시 아기를 먼저 구조하기 위해   36%

2. 상대 운전자에게 양보를 유도   57%

3. 자신의 개성을 강조   7%

daumkakao Ⓞboon   온라인 설문 1만4326명(17일 오후 3~6시)

'아기가 타고 있어요'

'성깔 있는 아기가 타고 있어요'

'내 새끼는 내가 지킨다'

'열 받으면 후진한다'

처음에는 아기가 탑승하고 있다는 걸 알리는 용도였던 차량 뒷유리 스티커가 최근에는 다양한 형태와 문구로 '진화'를 거듭하고 있다. 종종 도를 넘은 장난스러운 문구 때문에 눈살을 찌푸리게 되는 경우도 생기는데, 과연 이런 스티커들은 효과가 있을까?

'아기가 타고 있어요' 스티커는 전복사고와 같은 대형 교통사고가 났을 때 아이를 먼저 구조하기 위한 목적으로 부착한다고 알려져 있다. 체구가 작은 아이가 눈에 잘 띄지 않기 때문에 아이가 차량 안에 있다는 사실을 알리기 위한 것이라는 설이다. 팩트체크와 카카오가 차량 스티커 부착과 관련한 인식에 대해 온라인 설문조사를 진행한 결과, 10명 중 4명이 구조 목적으로 붙이는 것이라고 알고 있었다.

그 배경에는 여러 설이 있지만, 가장 많이 알려진 게 '캐나다 교통사고' 설이다. 대형 교통사고가 났는데 구조가 끝난 뒤에 차가 폐차장으로 옮겨졌다. 그런데 다음 날 뒷좌석 밑에서 사망한 아기가 발견됐다. 그래서 이후부터 '베이비 온 보드(BABY ON BOARD)', 아기가 타고 있다는 표시를 붙이게 됐다는 것이다. 하지만 이 소문은 사실이 아니었다.

이 표지판이 미국에 처음 등장한 건 1984년 9월인데, 당시 운전자들 사이에서 선풍적 인기를 끌면서 '아기가 운전하고 있다', '차에 아무도 없다', '장모님이 트렁크에 타고 있다' 같은 패러디까지 쏟아졌다.

그러자 〈뉴욕타임스〉가 이 표지판의 기원에 대해 취재에 나섰는데, 당시 32세의 마이클 러너라는 사업가가 유럽에 비슷한 게 있다는 이야기를 듣고 '베이비 온 보드' 표지판을 디자인했다는 사실을 알아냈다. 러너는 자신의 회사를 세워 이 표지판을 판매했는데 대박을 쳐서 2년간 무려 300만 개를 팔았다고 한다.

한편 러너가 교통사고로 아이를 잃은 당사자란 소문도 있었는데 러너는 당시 미혼이었고, 캐나다 사고 이야기도 사실무근이라고 〈뉴욕타임스〉는 보도했다.

_____ **뒷유리 스티커가 안전에 도움이 될까?**

실제 구조 현장에서 이런 스티커나 표지판이 도움이 되는지 확인해본 결과, 구조 관계자들의 답변 역시 부정적이었다.

서울소방재난본부의 오승훈 행정관은 구조 매뉴얼에 '뒷유리의 스티커

를 확인한다'는 내용은 없다고 밝혔다. 사고 현장의 차량은 훼손됐을 가능성
이 높기 때문에 부착형 스티커가 그 자리에 온전한 모양으로 남아 있으리란
보장이 없다. 사고 충격으로 떨어져서 다른 곳으로 갈 수도 있고, 화재로 인
해 타서 없어질 수도 있기 때문에 거기에 주의를 기울일 수는 없다는 설명이
었다. 사고 현장을 수습하는 소방관 입장에서는 스티커를 살피는 것보다 내
부를 완벽하게 검색하는 것이 더 중요하다.

오히려 이런 스티커가 안전에 방해될 수 있다는 전문가 지적도 있었다.
시민교통안전협회 김기복 대표에 따르면 지나친 차량 스티커는 운전자의 시
야에 사각지대를 만들 수 있어서 부착하지 않는 편이 좋다고 한다. 원칙적으
로 안전띠를 제외한 모든 부착물은 안전 운전에 방해가 될 수 있다는 것이다.

실제 영국에서 진행한 설문조사 결과, 46%의 운전자가 차량 스티커로
인해 운전에 방해를 받은 적이 있다고 응답했고, 전체 접촉사고의 20분의 1이
차량 스티커로 인한 것이라는 조사 결과도 있었다.

국내에선 과도한 수준이 아니면 스티커 부착 자체가 불법은 아니다. 하지만 스티커를 부착한 차량의 안전 운전에 지장을 줄 뿐만 아니라 뒤따라오는 차량의 주의력을 분산시킬 우려도 있기 때문에, 되도록 부착하지 않는 편이 좋다는 게 공통적인 답변이었다.

'아기가 타고 있어요' 스티커를 부착한다고 해서 뒤따라오는 운전자들에게 양보를 얻어낼 가능성도 높지 않은 것으로 나타났다. 팩트체크-카카오 온라인 설문조사에서 차량 스티커를 봤을 때 실제 배려 운전을 해야겠다는

생각이 드는지 물었는데, '그렇다'와 '아니다'가 거의 반반으로 갈렸다. 독특한 문구를 부착한 경우 '재미있다', '개성 있다'라고 봐준 사람들도 있지만, 오히려 '기분 나쁘다', '혐오감이 든다' 등 부정적으로 본 사람도 34%나 됐다.

한편 '반드시 스티커를 부착해야 한다'고 오해를 하고 있는 경우도 있었는데, 바로 초보 운전 스티커다. 초보 운전자는 '초보 운전' 스티커를 반드시 부착해야 한다는 얘기도 사실이 아니었다.

과거에는 가로, 세로 규격까지 정해서 면허를 딴 뒤 6개월 동안 초보 운전 스티커를 붙이고 다니게 했는데, 불필요한 규제라고 해서 1999년 1월 폐지됐다. '나 초보니까 가까이 오지 마라', '나 성격 있는 초보다'라는 식으로 다양한 초보 운전 스티커들이 시중에 판매도 되고 있는데, 개성을 표현하려는 게 아니라면 굳이 붙일 필요는 없다.

차량 스티커와 관련한 규정은 나라마다 차이가 컸다. 일본의 경우엔 좀 엄격해서, 초보 운전자뿐 아니라 고령자, 장애인 운전자들도 각각 스티커를 붙이도록 법으로 정해 놨다. 영국의 경우 임시면허 소지자라면 '배우는 사람', '러너(Learner)'를 뜻하는 L자 스티커를 붙이게 하고, 호주와 싱가포르, 말레이시아에서도 스티커를 붙이게 돼 있다. 반면 이런 규정이 아예 없는 나라도 많다.

최근 차량 뒷유리 스티커들이 개성 표현 수준을 넘어 다른 사람들에게 위협을 가하거나 혐오감을 조장하기도 한다는 지적이 많다. 그런데 이런 스티커들에 대한 비난과 불만 수위 역시 난폭한 운전을 방불케 할 정도로 수위를 넘고 있었다. 결국 안전을 위해 중요한 것은 스티커가 아니라 운전자들의 여유와 배려라는 점을 기억할 필요가 있겠다.

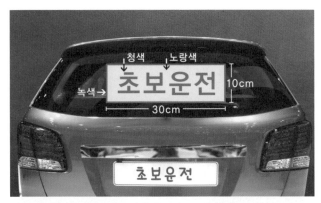

일본·영국의 초보 운전 스티커

'실내 빨래 건조'
위험할까

"실내에서 빨래를 말려도 괜찮은 건가요?"
인터넷에서 흔히 찾아볼 수 있는 질문이다.

국내 언론뿐만 아니라 각종 외신에서도
'실내 빨래 건조'가 건강에 치명적일 수 있다고 보도해
사람들 사이에 이런 의문이 생겼다.

한국은 아파트 생활이 보편화되어
베란다나 방을 비롯해 실내에서 빨래를 건조하는 경우가 많고,
특히 겨울철에는 그런 경우가 더 늘어나기 때문에
사람들의 우려는 더 커졌다.

정말 실내에서 빨래를 말리는 것이 위험할까?
그렇다면 겨울철에는 어디에서 빨래를 말려야 하는 걸까?

〈겨울철 실내서 빨래 건조 오히려 '독'〉

≡ ① 중앙일보　경제일반　재테크　증권　부동산　**IT/과학**　경제일반

경제

"집안에서 빨래 널어 말렸다간 폐에…" 충격

집안에서 빨래를 말리면
건강에 나쁠 수 있다는 연구 결과가
영국에서 나왔다. 이 연구 결과는
영국 가정집을 대상으로 나온 것이라
반드시 한국에서도 같은 결과가
나온다고는 할 수 없다.
하지만 기존의 관념을 뒤엎는 것이라
관심을 가질 필요는 있다.

영국 글래스고 매킨토시 건축학교 연구팀은 가정집 1000곳을 대상으로
빨래로 인한 습도 상승이 집 전체에 미치는 영향에 대해 연구를 진행했다.
연구 결과 가정의 87%가 실내에서 세탁물을 말렸으며,

최근 뉴스와 신문기사에서 생활 밀착형 정보가 부쩍 많아졌다. 특히 건강과 관련된 내용일 경우에는 예민한 독자나 시청자들의 주목을 받고, 기사에 댓글도 많이 달린다. '가습기 살균제 사태' 등으로 생활 소재에 대한 우려가 높아진 이후에는 그런 현상이 더욱 뚜렷해지고 있다.

'실내에서 빨래를 건조하는 게 위험할 수 있다'는 얘기도 이런 걱정 속에서 폭넓게 퍼졌다. 최근 들어 각종 기사나 건강 관련 TV 프로그램들이 실내 빨래 건조의 '위험성'을 강조해왔다. 아파트 생활을 많이 하는 한국 주거문화 특성상 실내 빨래 건조를 피하기 어렵다 보니 '폐에 충격을 줄 수 있다', '목숨을 위협할 수 있다'는 경고까지 나왔다. 정말 실내에서 빨래를 말리는 게 목숨을 걸어야 할 만큼 위험한 일일까?

_____**빨래로 인한 습기가 미생물 키울 순 있지만…**

이런 보도들의 근거로는 2012년 영국 글래스고대 환경건축연구팀의 연구보고서가 공통적으로 제시된다. 이 보고서는 빨래를 실내에서 말리면 곰팡이와

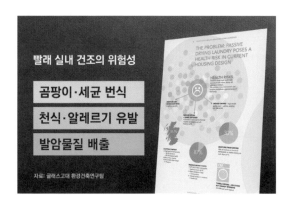

세균 등이 번식하게 되고, 이 세균들이 천식 환자나 알레르기 환자에게 치명적일 수 있다고 주장한다. 심지어는 세제 찌꺼기가 증발하면서 호흡기로 들어가 암을 유발할 수 있다고도 했다.

이 보고서에 따르면, 실내에서 빨래를 건조하는 경우 실내 습도가 약 30% 가까이 높아진다. 이렇게 실내 습도가 높아져 75% 이상으로 유지되면 차가운 벽 표면에 물방울이 맺히는 결로현상이 발생한다. 높은 습도가 창문 틈이나 벽 모서리 같은 곳에서 곰팡이·진드기 같은 미생물이 쉽게 번식할 수 있는 환경을 조성해 인체에 위험한 상황을 만들 수 있다.

하지만 이건 영국의 경우라 한국은 상황이 다르다는 지적이 나온다. 연구팀이 연구를 진행한 곳은 영국의 글래스고로, 바닷가에 근접해 해양성 기후를 띠는 지역이다. 글래스고는 겨울철 습도가 88% 이상으로 상당히 높게 유지된다. 반면 한국은 겨울철 평균 습도가 40~60% 정도에 불과한데, 실내는 더 건조하기 때문에 환경 자체에 차이가 많다.

팩트체크 팀이 실제 해당 연구를 진행한 글래스고대 콜린 포테우스 교수에게 문의한 결과, 이 연구 내용은 통풍이나 환기 정도에 따라서 달라질 수 있다고 답변해왔다. 어느 나라에서 연구를 했는지, 어떤 거주 형태에서 했는지에 따라 다르게 적용될 수 있기 때문이다.

_____겨울에 추워도 하루 세 번, 10분씩 환기

그렇다면 빨래에 남은 세제 잔여물이 건조되면서 공기 중에 확산돼 인체에 악영향을 끼칠 수 있다는 이야기는 어떨까? 세제와 섬유유연제에 포함되어 있는 벤젠이나 톨루엔 같은 물질들을 휘발성 유기화합물이라고 부른다. 이런 성분들 중에는 실제로 발암물질로 분류되는 것들도 있다. 빨래에서 이런 발암물질들이 증발하면서 체내에 들어가고, 특히 습도가 높고 밀폐된 곳에서는 더 취약할 수 있다는 게 보고서의 내용이다. 하지만 이 역시 지나친 걱정이라는 게 대부분 전문가들의 의견이었다.

바이오피톤 송기영 대표는 세탁물에서 나오는 휘발성 유기화합물은 방향제를 한 번 뿌릴 때 발생하는 양보다 적다고 강조했다. 흔히 말하는 휘발성 유기화합물은 가스 부유물질이나, 새집증후군을 일으키는 접착제 성분 같은 것들이다. 세탁물에서는 '유독하다'고 우려할 정도가 나오지 않는다는 게 송 대표의 이야기였다. 새로 지은 집에 페인트나 접착제를 막 발랐을 때 나오는 수준이라면 인체에 유해할 수 있지만, 세탁기로 빨래를 해서 충분히 헹궈낸 경우에는 그 수치가 미미하다는 설명이다.

실제로 미국 환경보호국에서 각종 생활용품에서 배출되는 휘발성 유기화합물(VOC)의 연간 배출량을 집계해봤더니, 세제는 우리가 별 걱정 없이 사

영국 겨울철 실외습도

- ■ >88
- ■ 86~88
- ■ 84~86
- ■ 82~84
- ■ 80~82

자료: 영국 기상청

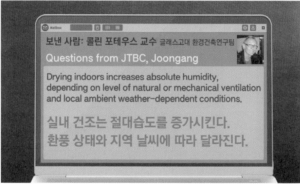

보낸 사람: 콜린 포테우스 교수 글래스고대 환경건축연구팀

Questions from JTBC, Joongang

Drying indoors increases absolute humidity, depending on level of natural or mechanical ventilation and local ambient weather-dependent conditions.

실내 건조는 절대습도를 증가시킨다.
환풍 상태와 지역 날씨에 따라 달라진다.

실내 '빨래 건조' 위험하다고?

송기영 대표 바이오피톤

방향제 한번 뿌리는 양보다도 안 나와요. 세탁물에서, 세제에서 나오는 휘발성 유기화합물 정도는 아주 작죠, 양이.

용하는 스프레이 제품, 페인트, 방향제보다도 훨씬 낮은 수치를 기록했다. 사실상 걱정할 만한 수준은 아니었다.

결론적으로 한국 환경에서는 실내에서 빨래를 건조해도 문제가 없다. 오히려 겨울철 실내 습도 조절에 빨래를 활용하는 게 좋다는 전문가 의견도 있다. 연세대 세브란스 가정의학과 강희철 교수는 "적절한 실내습도를 유지하는 게 좋고, 건조한 것보다는 습한 편이 건강에 훨씬 도움이 된다"고 강조

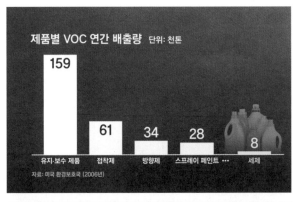

제품별 VOC 연간 배출량 단위: 천톤

159 유지·보수 제품
61 접착제
34 방향제
28 스프레이 페인트 …
8 세제

자료: 미국 환경보호국 (2006년)

강희철 연세대 가정의학과 교수
"우리 몸에는 습할수록 좋다.
본인이 쾌적한 게 중요하다.
곰팡이나 박테리아가
자랄 수 없게
충분히 환기시킬 필요는 있다"

했다.

　다만 가습기를 집중적으로 틀어서 지나치게 습도를 높이면 세균이나 곰팡이가 번식할 수 있기 때문에 적정 수준을 유지하는 게 중요하다. 습도계를 하나 갖춰놓고 '쾌적한 습도'인 40~60% 정도를 유지할 수 있도록 환기를 자주 시켜주는 것이 좋다. 겨울철에 아무리 추워도 하루에 세 번, 한 번에 10분 이상은 충분히 환기를 시켜줘야 한다는 게 전문가들의 조언이다. 겨울철엔 춥다고 환기를 소홀히 하는 경우가 많은데, 이런 경우 먼지 등으로 인한 질환 위험에 더 노출되기 쉽다. 빨래 건조로 건강을 해칠까 걱정하기보다 환기 부족을 더 염려해야 한다는 이야기다.

한국만 믿는다는
'선풍기 돌연사'의 진실

"밤새 켜놓은 선풍기가 당신의 목숨을 노린다."

전기 절약 캠페인 문구가 아니다.
인터넷 동영상 채널인 유튜브에서
한국의 '팬 데스(Fan Death)' 소문을 비꼬는
패러디의 한 구절이다.

"선풍기를 켜놓고 자다가 잘못하면 죽을 수도 있다."
얼핏 들으면 괴상한 이 소문은
그러나 생각보다 오래되고 뿌리 깊게 퍼져 있는 괴담이다.
심지어 언론매체에서도 여름철 돌연사의 중요한 원인으로
종종 선풍기를 꼽고는 했다.

지금도 열대야가 이어지는 여름이면
온라인에서는 '선풍기 돌연사' 논쟁이 벌어진다.
선풍기 바람 때문에 호흡기 주변 공기가 부족해져 죽었다,
체온이 급격히 낮아지면서 저체온증으로 사망했다,
닫힌 방 안에서 산소가 부족해서 질식했다 등….
원인도 다양하게 제시된다.

그렇다면 '선풍기 돌연사'는 정말 실재하는 걸까?
한국 사람만 믿는 도시전설이 아니라,
아직 밝혀지지 않은 현대 기술문명의 재해인 걸까?

김의진 서울 방일초 3학년

책에서 봤을 때 밀폐된 공간에서 선풍기를 틀어도 죽지 않는다고 했는데
그게 맞는 거예요? 팩트체크에서 좀 알려주세요.

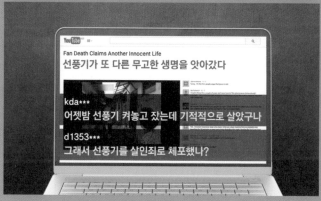

선풍기가 또 다른 무고한 생명을 앗아갔다

Fan Death Claims Another Innocent Life

kda***
어젯밤 선풍기 켜놓고 잤는데 기적적으로 살았구나

d1353***
그래서 선풍기를 살인죄로 체포했나?

'선풍기 돌연사'에 대한 팩트체크는 서울 방일초등학교 김의진 학생의 '영상 제보'에서 시작됐다. 〈JTBC 뉴스룸〉 스태프의 아들이기도 한 김 군은 학교에서 친구들끼리 나누던 대화와 책에서 본 내용이 달라서 혼란스럽다며 어느 쪽이 맞는 것인지 물어왔다. 선풍기를 얼굴 쪽으로 켜놓고 자면 자칫 죽을 수도 있다고 했는데, 책에서는 밀폐된 공간에서 선풍기를 틀어놓고 밤을 지새워도 죽을 위험은 없다고 했단다. 과연 진실은 무엇일까?

_____ '선풍기 돌연사'는 과학적 근거가 없는 괴소문?

선풍기 돌연사 논란은 가장 유명한 한국판 도시전설 중 하나로 꼽힌다. 지금도 여름철이면 온라인에서 종종 논쟁이 벌어지곤 한다. 게다가 언론을 통해 선풍기가 돌연사의 원인인 것처럼 소개되면서, 그러한 믿음이 굳어지는 계기를 제공하기도 했다.

취재 과정에서 찾아낸 가장 오래된 기사는 1969년으로 거슬러 올라간다. 〈동아일보〉에서 '선풍기를 틀어놓고 자면 열 손실로 호흡곤란이 오며 자

칫 생명도 앗아간다'라는 내용으로 상당한 지면을 할애해 분석기사를 냈다. 이 밖에도 '선풍기 켜놓고 자던 미군 등 2명 숨져', '잇따른 선풍기 사고-틀어놓은 채 자지 말아야' 같은 식으로 선풍기가 사망 원인으로 추정된다는 기사가 꾸준히 나오고 있었다. 방송에서도 2000년대 초반까지 사건·사고 관련 단골 뉴스였다.

그런데 재미있는 건 이런 얘기가 다른 나라 어디에도 없는, 한국에만 있는 얘기라는 점이다. 그래서 '선풍기 돌연사'는 해외 인터넷 사이트를 통해서 자주 패러디된다. '선풍기가 무고한 생명을 앗아갔다'라는 제목의 유튜브 영상에는 '하하하'라는 웃음부터 '어제 선풍기 켜놓고 잤는데 난 기적적으로 살았구나', '그래서 선풍기를 살인죄로 체포했느냐'는 등의 우스꽝스러운 영어

댓글이 쏟아졌다. 우리가 뉴스를 통해 종종 접하는 신기한 해외토픽처럼 취급되고 있는 것이다.

그래서 선풍기를 살인범으로 지명수배한다거나, 선풍기가 자는 사람 목을 조르는 모습을 그린 만화, 한국에선 선풍기를 조심해야 한다는 패러디 애니메이션까지 제작됐다. 오픈형 인터넷 백과사전인 위키피디아에는 'Fan Death'라는 용어 항목이 있는데, '한국에만 존재하는 도시전설'이라고 규정되어 있다. 실제 팩트체크 취재팀이 다양한 국적의 국내 거주 외국인들에게 확인한 결과도 마찬가지였다. 금시초문이다, 이상한 이야기다, 흥미롭긴 하지만 신빙성은 없어 보인다는 게 외국인들의 공통된 반응이었다.

그렇다면 '선풍기 돌연사'는 정말 아무런 과학적 근거가 없는 괴소문인 걸까? 법의학자와 가정의학과 교수 8명에게 확인한 결과, 전문가들의 의견도 대체로 황당한 이야기라는 쪽으로 모아졌다.

_____선풍기 돌연사, 저체온증·질식이 원인?

일단 '선풍기 돌연사'의 과학적·의학적 쟁점은 크게 저체온증과 질식 가능성 두 가지다.

먼저 선풍기 바람을 오랫동안 쐬면서 잠을 자면, 체온이 떨어져 저체온증으로 사망에 이를 수 있다는 주장. 취재에 응한 한 법의학자는 "가능성을 완전히 배제할 수 없다"라고 했지만, 그렇다고 선풍기를 저체온증의 단독 원인으로 볼 수는 없다고 명확히 밝혔다. 원래 기저 질환이 있는 경우에는 영향을 미칠 수도 있다는 정도였다.

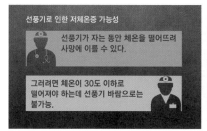

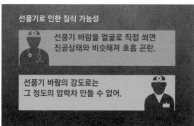

선풍기로 인한 저체온증 가능성

선풍기가 자는 동안 체온을 떨어뜨려 사망에 이를 수 있다.

그러려면 체온이 30도 이하로 떨어져야 하는데 선풍기 바람으로는 불가능.

선풍기로 인한 질식 가능성

선풍기 바람을 얼굴로 직접 쐬면 진공상태와 비슷해져 호흡 곤란.

선풍기 바람의 강도로는 그 정도의 압력차 만들 수 없어.

하지만 대부분의 의학 전문가들은 이런 가능성을 완전히 부정했다. 저체온증으로 사망하려면 중심 체온이 30도 이하로 떨어져야 하는데, 선풍기 바람으로는 불가능하다는 것이다.

선풍기 바람을 얼굴에 직접 쐬면 진공 상태와 비슷하게 돼 질식사할 가능성도 원인으로 제기되는데, 이 역시 의학적 근거는 희박하다는 판정이었다. 강한 선풍기 바람 때문에 코와 입 등 호흡기 주변에 압력 차가 생기면 순간적으로 공기량이 희박해질 수 있다는 게 이런 주장의 핵심이다. 하지만 저체온증 논란과 마찬가지로 '선풍기 바람이 그 정도 압력 차를 발생시킬 수 없다'는 게 전문가들의 결론이었다.

애초 그럴 가능성이 있다면 관련 연구가 진행되어야 할 텐데, 그런 가능성을 연구한 논문 자체가 없었다. 법의학자는 그런 식이라면 "자전거를 쌩쌩 타거나 오토바이를 타는 사람들도 다 숨 막혀 죽어야 되는 거 아니냐"라고 되묻기도 했다.

선풍기 돌연사를 둘러싼 논란이 온라인에 워낙 넓게 확산되다 보니, 이를 직접 실험해본 물리학자도 있었다. 임춘택 카이스트 교수는 직접 방 안에서 문을 닫고 선풍기를 틀어 바람을 직접 맞으면서 혈압과 맥박 수, 체온 등을 측정했다.

결과는 '아무런 영향도 없음'이었다. 처음과 두 시간 후의 신체 변화, 혈

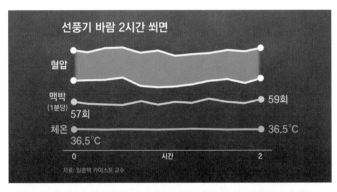

압, 맥박, 체온 면에서 거의 변화가 없었다. 오히려 선풍기가 열을 받으면서 실내 온도만 0.6도 올라갔다. 청소년인 임 교수의 딸을 대상으로 한 실험에서도 같은 결과가 나왔고, 결국 소위 '선풍기 살인'의 원인으로 지목됐던 산소 부족, 공기 희박, 저체온증 등은 다 과학적 근거가 없다는 결론을 내렸다.

선풍기 돌연사로 사망했다는 시신을 여러 차례 부검한 한길로 서울법의학연구소장도 선풍기 자체는 사망 원인이 될 수 없다고 분명히 밝혔다. 실제 부검을 해보면 과음으로 인해 혈중 알코올 농도가 너무 높아서 사망했거나, 심장·심혈관계 질환으로 인한 사망이 대부분이라는 것이다. 건강을 위해서는 엉뚱한 선풍기 탓을 할 것이 아니라 알코올 관련 대사장애, 당뇨 같은 저혈당 질환을 걱정해야 한다고 한 소장은 강조했다.

결국 여름에 발견된 시신들은 우연히 그 자리에 선풍기가 있었던 것이지, 선풍기가 직접적인 사망 원인은 아니라는 결론이다. 그런데도 '선풍기 돌연사'에 대한 믿음이 뿌리 깊게 박힌 건, 그동안 관성적으로 경찰 발표를 그냥 받아 쓴 언론 탓도 크다는 지적이 뼈아픈 대목이었다.

선풍기를 켜놓고 잤을 때 조심해야 하는 건 질식사나 저체온증이 아니라 다른 두 가지였는데, 우선은 감기다. 얼굴에 너무 가까이 선풍기 바람을 쐬면 입과 코 주변이 건조해지고, 여름 감기에 걸릴 가능성이 높아진다고 한다. 바이러스는 건조한 환경에서 쉽게 증식하기 때문이다. 다른 한 가지는, 카이스트 임 교수의 자가 실험에서 밝혀진 것처럼, 방의 온도를 높일 정도로 돌아가는 선풍기가 밤새 사용하는 전기요금이다.

돼지고기 정말 덜 익혀 먹어도 괜찮을까

"여름 돼지고기는 잘 먹어야 본전이다"라는 얘기가 있다.
예전에는 제대로 익히지 않은 돼지고기를 먹고
탈이 나는 경우가 많았기 때문이다.
문제의 원인은 대부분 기생충이었다.

돼지고기 기생충 웬만한 곳엔 다 있다(경향신문 1978.7.5)
양념으론 기생충 예방 안 돼(동아일보 1985.5.30)
촌충·흡충등 기생충 감염 급속확산(경향신문 1989.9.2)

7,80년대 신문기사 제목만 봐도
돼지고기와 기생충 문제가 심각했다는 걸 알 수 있다.
그래서 돼지고기는 바짝 익혀 먹어야 한다는 게 상식이었다.

그런데 최근 들어 '굳이 그럴 필요 없다'는 얘기가 나온다.
돼지고기도 쇠고기처럼 살짝 덜 익혀야
풍미가 더 좋다는 요리법도 소개된다.

돼지고기, 이제는 덜 익혀도 안전한 걸까?

돼지고기, 덜 익혀도 괜찮나?

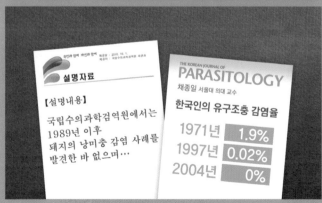

설명자료

【설명내용】
국립수의과학검역원에서는
1989년 이후
돼지의 낭미충 감염 사례를
발견한 바 없으며…

THE KOREAN JOURNAL OF
PARASITOLOGY
채종일 서울대 의대 교수

한국인의 유구조충 감염율
1971년   1.9%
1997년   0.02%
2004년   0%

불판에서 지글지글 익어가는 돼지고기. 고기가 익기를 기다리고 있는 식탁 주변의 젓가락들. 그렇다면 돼지고기를 실제 젓가락으로 집어서 먹기 딱 좋은 시점은 언제일까?

"남들이 집어먹기 직전"이라는 게 단국대 의과대 서민 교수의 위트 있는 답변이다. 굽기의 정도가 중요한 게 아니기 때문에, 다른 사람이 먹기 전에 한 점이라도 더 많이 먹으라는 얘기다. 실제로 지난해 "돼지고기는 살짝 익혔을 때 더 풍미가 좋다"라는 음식평론가 황교익 씨의 인터뷰가 화제가 되기도 했다. 그렇다면 돼지고기를 정말 완전히 익혀 먹지 않아도 문제없는 걸까?

_____ **돼지고기를 잘 구워 먹어야 하는 진짜 이유**

돼지고기는 잘 구워 먹어야 한다는 상식이 통용된 건 기생충 때문이었다. 대표적으로 문제를 일으키는 돼지 기생충은 갈고리촌충과 그 유충인 유구낭미충이다. 완전히 성장하면 길이가 2~3미터에 이르기도 하는데, 갈고리촌충은 다른 기생충들과 달리 인간이 유일한 종숙주(최종 숙주)이기 때문에 인간에 기

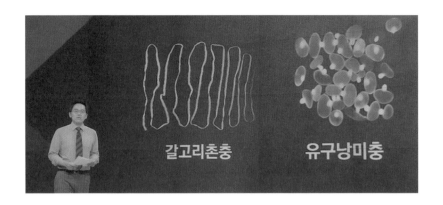

갈고리촌충　　　유구낭미충

생해야만 생존과 번식이 가능하다.

　그런데 이 갈고리촌충이 종종 '중간 기착지'로 삼는 동물이 돼지다. 갈고리촌충의 감염 과정을 보면 그런 특징을 잘 알 수 있다. 갈고리촌충이 사람 몸속에 있다가 대변을 통해 알이 밖으로 나오고, 돼지가 그걸 먹으면 알에서 깬 유충이 돼지 장 속에서 성장한다. 성장한 유충은 돼지의 장을 뚫고 근육 속에 들어가고, 다시 그 돼지고기를 사람이 먹으면 이번엔 사람의 장 속에서 기생충이 성장해 번식하게 된다.

　기생충이 가만히 있으면 숙주와의 '평화로운 공존'도 불가능하진 않다. 하지만 이 기생충들이 심장이나 뇌로 이동하면 문제가 생긴다. 시력을 잃게 하거나 간질 발작을 일으켜 죽음에 이를 수도 있기 때문이다. 돼지고기 기생충에 대한 공포는 대부분 이런 특수한 경우에서 나온 것들이다.

　갈고리촌충과 유구낭미충 같은 기생충은 77도 이상의 불로 가열해야 죽기 때문에 돼지고기를 바짝 익혀 먹어야 한다는 얘기가 퍼진 것이다. 실제 국내에 기생충이 만연했던 1960~70년대, 혹은 80년대까지도 이는 꼭 필요

한 상식이었다. 하지만 2000년대 이후의 한국에는 맞지 않는 상식이란 지적
이 많다.

_____돼지고기 기생충, 한국서 거의 박멸

국내 기생충 분야 최고 권위자 중 한 사람인 단국대 서민 교수는 "한국에서는
돼지고기 관련 기생충들이 거의 박멸되었기 때문"이라고 말한다. 한국에서
사육되는 돼지가 갈고리촌충을 갖고 있을 확률은 거의 없거나, '전혀 없다'고
해도 과언이 아니라고 서민 교수는 강조했다. 최근에 덜 익힌 돼지고기 때문
에 기생충에 감염된 사람은 한 명도 없다고 한다.

돼지 기생충이 박멸한 원인은 사육 시스템의 변화에서 찾을 수 있다.
1960, 70년대만 해도 돼지 사료로 인분을 쓰는 경우가 많았지만, 80년대 이
후 사육 시스템이 완전히 바뀌었다. 돼지들이 기생충 감염 근원지였던 하수
구 물을 먹지 못하도록 차단한 것도 주효했다. 질병관리본부에 따르면, 전국
적인 조사 결과 현재는 인분을 먹는 돼지는 없으며, 100% 사료를 먹인다고
한다. 수세식 양변기가 보편화된 한국에서는 인분을 확보해 관리하는 게 비
용이 더 많이 드는 일이기도 하다.

국립수의과학검역원에선 1989년 이후 유구낭미충에 감염된 돼지가 발
견된 적이 없다고 밝혔고, 대한기생충학회 논문에서도 1971년까지만 해도
한국인 1.9%에서 발견됐던 이 기생충이 점차 줄어들어 2004년에는 아예 사
라졌다는 내용이 들어 있었다.

기생충 위험이 없어졌기 때문에 덜 익혀 먹어도 된다는 것이 많은 전문

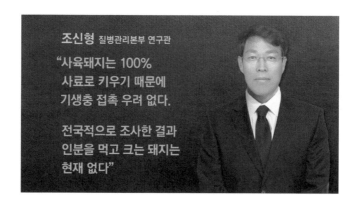

조신형 질병관리본부 연구관

"사육돼지는 100%
사료로 키우기 때문에
기생충 접촉 우려 없다.

전국적으로 조사한 결과
인분을 먹고 크는 돼지는
현재 없다"

가들의 설명이었고 실제 그렇게 먹는 방식이 늘어나고 있는 추세다.

미국이나 유럽 레스토랑에서는 돼지고기 스테이크를 피가 보일 정도인 '미디엄 레어' 상태로 내놓는 메뉴들이 많고, 외국에서도 이 문제가 종종 화제가 된다.

〈뉴욕타임스〉의 음식 칼럼니스트인 프랭크 브루니는 "미디엄 레어 돼지고기를 좋아하는데 사람들이 꺼린다. 내일 아침에 멀쩡히 일어날 테니 먹어보라고 권한다"라는 칼럼을 쓰기도 했고, 영국 〈가디언〉지도 "음식평론가들이 핑크빛 돼지고기를 선호한다. 많은 레스토랑이 이런 고기를 내놓고 있다"라고 보도했다.

이런 추세가 이어지자 2011년 미국 농무부에서는 섭씨 71도로 3분간 가열해야 한다던 당초 기준을 62도로 낮춘 새로운 돼지고기 요리 기준을 내놨다. 이렇게 해야 더 육즙이 풍부하고 부드러운 돼지고기를 즐길 수 있다는 설명이 붙어 있었다.

하지만 '모든 돼지고기'를 그렇게 미디엄 레어 상태로 먹는 것에 대해서

The New York Times

Diner's Journal
The New York Times Blog on Dining Out

A Pinker Pork

나는 지인들에게
돼지고기를 미디엄 레어로
먹어보라고 권한다.
내일 아침 멀쩡히 일어나는 데
아무 문제 없다.

프랭크 브루니

2006년

돼지고기 스테이크
미디엄 레어 메뉴
(medium-rare)

theguardian

2013년

Chefs fight for the right to serve their pork pink

in larger roasting joints can make a world of difference to the succulence of the meat".

많은 레스토랑이 이런 고기를
내놓는 추세다

는 조심할 필요가 있다는 전문가도 있었다. 돼지고기의 상태나 조리 방식, 조리 환경 등에 따라서 기생충이 아닌 다른 위험요소가 생길 수 있기 때문이다.

경희대 식품영양학과 윤기선 교수는 기생충이 아닌 세균 감염 위험을 지적했다. 돼지고기뿐 아니라 모든 고기에는 기본적으로 대장균을 비롯한 세균들이 상존하는데, 덜 익혀 먹을 경우 이로 인한 감염 위험이 높아진다는 것이다.

미디엄 레어 돼지고기를 즐기는 미국이나 영국에서도 잘 관리된 환경에서 제대로 유통된 돼지고기를 썼다는 전제를 반드시 달고 있었다. 한국의 경우 도마나 칼의 위생 상태, 불판 상태에 따라 식중독 등 다른 위험이 있다는 점도 감안할 필요가 있다.

물론 이런 주의는 돼지고기에만 해당하는 것이 아니라 모든 고기에 동일하게 적용해야 한다. 쇠고기든 돼지고기든 위생을 철저히 지킬 필요가 있다. 그렇다고 너무 태울 정도로 바짝 익혀서 먹으면 맛을 제대로 즐기기 어렵다. 맛과 영양과 위생을 충분히 균형 있게 고려해서 '잘 먹는 것'이 무엇보다 중요한 음식의 본령이라 할 것이다.

장외 홈런볼이 내 차에 맞았다면
누가 손해를 배상해줄까

1982년 6개 팀으로 시작된 한국 프로야구
30여 년의 역사를 지나면서
이제 10개 구단이 한 해 140여 경기를 펼치는
대형 스포츠 리그로 성장했다.

그렇게 맞은 프로야구 관중 700만 시대.
늘어난 관중 수만큼 각종 예상치 못했던 사고들도
비일비재하게 일어나는데.

장외 홈런볼에 맞아 차량이 파손되고,
파울볼에 맞아 관객이 다치고,
즐기러 왔던 야구 관람이 재앙이 되는 순간.

그렇다면 이런 사고의 책임소재는 어떻게 될까?
나에게 이런 일이 닥친다면 어떻게 대처해야 할까?

시원한 장외 홈런…

저렇게 되면
어떻게 보상을
받나요?

원래 법적으로는
구단의 책임은
없는데요…

2015년 5월 27일 프로야구 넥센-삼성전이 열린 대구시민경기장.

　이날따라 박병호, 스나이더, 유한준, 김민성 등 넥센 선수들의 홈런이 잇따라 터져 나왔다. 그러다 어느 순간 중계 카메라가 경기장 밖에 주차되어 있던 차량 한 대를 클로즈업했다. 누구의 타구였는지는 모르지만 경기장 담장 밖을 넘어간 홈런볼이 차량 지붕을 강타, 선루프가 산산조각이 났던 것. 캐스

장외홈런 차량 파손, 누구 책임?

터가 "저런 경우 어떻게 보상을 받나요"라고 묻자 해설자는 "원래 법적으로 구단의 책임은 없는데요… 안타깝네요"라며 혀를 끌끌 찼다.

야구 경기를 잘 보고 나왔는데, 자신의 자동차 앞유리가 박살난 모습을 발견했다면. 응원하는 팀이 어디든 간에 홈런볼을 주었다는 기쁨도 잠시, 당장 차량 수리비를 어떻게 해야 할지 막막할 것이다. 보험사에는 뭐라고 말해야 할지, 누군가에게 책임을 물어야 하는 것은 아닌지 여러 생각이 들 수밖에 없다.

당시 중계에서 해설자는 구단에 법적 책임이 없다고 했는데, 반은 맞고 반은 틀린 이야기다. 프로야구선수협회의 김선웅 변호사 이야기를 먼저 들어보자.

> "원래는 야구장을 관리하는 주체나 운영 주체에서 책임을 지는 게 맞습니다. 다만 그게 정상적인 주차구역이 아니었다든지, 그리고 '여기에 주차를 하시면 공에 맞을 수 있습니다'라는 식의 공지사항이 있었다면 그로 인한 피해에 대해서는 사실은 손해배상을 받기가 좀 어렵다고 봐야 합니다."

_____야구장 주차장에서 일어난 사고는 운영 주체가 책임

결국 야구장을 운영하는 주체에게 1차적인 책임이 있다는 이야기인데, 국내에서 야구장 운영 주체는 각 구단이 아니라 지방자치단체들이다. 서울 잠실 야구장의 경우 LG 트윈스나 두산 베어스가 아니라 서울시 체육시설관리사업소가 구장의 운영 주체다. 문제의 경기가 열렸던 대구시민경기장 역시 대

구광역시가 운영 주체라 부서진 자동차의 경우 대구시가 배상을 하는 게 원칙적으로는 맞다. 하지만 현재는 이런 경우 그냥 각 구단이 대신 배상을 해주고 있다. 정식 주차장에 세웠든 아니든 상관없이 배상을 해주고 있는데, 관객이 이 문제로 지자체와 불필요한 분쟁을 겪지 않도록, 일종의 팬 서비스 차원에서 직접 문제를 처리해주고 있는 것이다.

　　그런데 차량을 파손시킨 홈런볼이 홈팀 선수의 타구였다면 홈팀이 배상하고, 원정팀 소속이었다면 원정팀이 부담해야 할까? 그건 그렇지 않다. 사실 경기가 끝나고 나면 누구의 타구였는지 파악하기가 쉽지 않고, 또 파악이 된다 하더라도 홈팀이 계약해 사용하고 있는 구장에서 벌어진 일이므로 홈구단 측에서 통상 부담한다. 위에 언급한 사고가 있던 날 역시 원정팀에서만 홈런이 나오고 홈팀에서는 홈런이 없었지만, 삼성 라이온즈 측에서 일괄 배상하기로 했다.

각 구단은 이를 위해 대부분 보험에도 가입한 상태다. 지난 2009년에도 DJ DOC의 멤버 김창렬 씨가 광주 구장을 찾았다가 차량이 홈런볼에 맞아 유리창이 깨지는 일이 있었다. 이때 역시 홈구장이던 기아 타이거즈 측에서 나중에 알고 수리비를 대신 내줬다.

홈런볼로 인한 사고에 대한 고민은 한국뿐만이 아니다. 일본 프로야구 오릭스 구단 역시 구장 오른쪽 너머에 있는 주차장 지역에 한해 손해보험을 들어놨다. 구단의 간판 왼손타자 T. 오카다가 오른쪽으로 넘어가는 장외홈 런을 하도 많이 치는 바람에 주차 차량이 파손되는 사고가 잦았기 때문이다. 그러다 2012년, 이번엔 오른손 홈런타자인 이대호를 영입하면서 왼쪽 너머 주차장까지 추가로 보험을 가입하기도 했다.

이렇듯 장외 홈런볼에 대한 구단의 법적 책임은 없지만, 현재 배상을 대신 해주고 있으니 앞서 해설자의 이야기는 반은 맞고 반은 틀린 셈이다.

_____파울볼로 관중을 다치게 하면 업무상 과실치상?

사실 야구장에서 장외 홈런으로 인한 사고보다 빈번하게 일어나는 게 직접 날아오는 파울볼 때문에 관중이 부상을 당하는 경우다. 1차적으로 공을 친 선수에게 책임이 있는지 생각해볼 수 있는데, 이를 위해선 형법의 업무상 과실치상에 해당하느냐를 따져봐야 한다. 업무상 과실치상을 판단하는 데 중요한 요건 중 하나가 주의 의무를 태만히 했는지 여부다. 아무리 프로 선수라고 해도 타자가 '내가 이렇게 파울을 치겠다'하고 의도하거나 조절할 수 있는 것은 아니다. 관중이 파울볼에 맞았다고 해서 해당 선수가 타석에서 주의 의무를 태만히 했다고 보기는 힘들다는 말이다. 따라서 타자에게 죄를 물을 수 없다는 게 법조계의 일반적인 해석이다.

그렇다면 구장이나 구단의 책임을 생각해볼 수 있다. 실제로 구단을 상대로 한 소송도 있었다. 2000년 잠실구장에서 일곱 살 아이가 파울볼에 맞아 크게 다친 뒤, 2004년 대구구장에서도 3루석에 있다가 파울볼을 맞은 관중이 구단을 상대로 손해배상 청구를 한 바 있다. 하지만 결과는 모두 '기각'이었다. 일단 야구장을 갔다는 것 자체가 야구공이 관중석으로 넘어올 위험을 감수하고 간 것이고, 구장이나 구단이 기본적인 안전 의무를 했기 때문에 책임이 없다는 게 재판부의 판단이었다.

여기서 또 제기되는 쟁점은 '기본적인 안전 의무'가 어느 정도냐 하는 부분이다. 만약 안전 조치가 미흡해 파울볼 부상자가 발생했다면 구장이나 구단에 책임을 물을 수 있다는 이야기로 해석될 수 있기 때문이다. 실제 일본에서는 이 문제로 소송이 제기돼 구단 측이 재판에서 진 적도 있다.

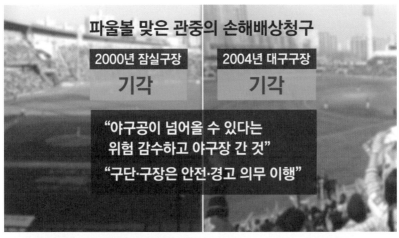

파울볼 맞은 관중의 손해배상청구

2000년 잠실구장	2004년 대구구장
기각	기각

"야구공이 넘어올 수 있다는
위험 감수하고 야구장 간 것"

"구단·구장은 안전·경고 의무 이행"

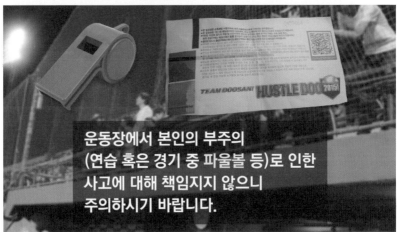

운동장에서 본인의 부주의
(연습 혹은 경기 중 파울볼 등)로 인한
사고에 대해 책임지지 않으니
주의하시기 바랍니다.

국내 구장의 안전시스템 현황

그렇다면 현재 국내 구장의 안전시스템은 어떻게 갖춰져 있을까.

요즘 야구장에 가보면 관중석에 대부분 안전그물을 설치해놨고, 타자가 공을 쳤을 때 관중석 쪽으로 날아오면 호루라기를 불어서 주의하라는 신호를 준다. 또 경기장표 입장권 뒷면의 약관을 보면 파울볼 같은 본인 부주의에 의한 사고를 책임지지 않는다는 경고문도 삽입해 놨다. 이런 조치들을 감안하면 파울볼 사고가 발생했을 때 구단에게는 책임을 묻기 힘들다는 게 전문가들의 의견이다. 다만 이건 법적으로 그렇다는 것이다. 현재 각 구단에는 파울볼 사고가 발생했을 때 역시 팬 서비스 차원에서 치료비 전액을 지원해주고 있다.

그런데 티켓 뒤에 깨알같이 표시돼 있는 약관이 충분한 경고 역할을 하는지에 대해선 꾸준히 의문이 제기된다. 손석희 앵커의 말에 따르면 "좀 과장하면 현미경으로 봐야 할 정도"이다. 이 부분에 대해서는 공정거래위원회에서도 문제의식을 느끼고 있었다. 팩트체크에서 공정거래위원회에 문의한 결과 "약관을 보면 결국 파울볼에 맞는 게 관중 본인의 부주의라는 뜻인데, 그 문구가 어떤 의미로 읽히는지, 어떤 의도로 써놓았는지 심사를 해볼 여지가 있다. 문제가 없다고 이야기하기 힘들겠다"라는 답변이 돌아왔다.

최근 4년간 프로야구 관람을 하다가 다친 관객은 1800여 명. 그러니까 매년 400~500명이 야구장에서 부상을 당했는데, 이 중 94%가 파울 타구로 인한 것이었다. 프로야구 10구단 체제가 자리 잡으면서 매년 관중 수도 계속 늘고 있다. 웃으면서 야구장을 찾았다가 나쁜 기억만 안고 돌아가는 일이 없도록, 구단은 안전사고 방지에 더 신경 쓰고 관객들 역시 이런 위험성을 잘 염두에 둘 필요가 있겠다.

미래 세대는 바나나를
먹지 못하게 될 수 있다?

"야, 바나나다 바나나야.
무슨 맛이냐 하면 말랑말랑 하고
아카시아 꽃향기가 나고 고소하면서…
하늘 땅, 하늘 땅땅땅만큼 맛있어!"

1960, 70년대를 배경으로 한
애니메이션 검정고무신에 나오는 한 장면이다.
초등학생인 주인공 기영이가 바나나를 처음 먹어본 뒤
감격해서 하늘로 솟아오르기까지 한다.

그만큼 바나나가 귀하던 시절이 있었던 건데
21세기에 다시 바나나가 귀해질 수 있다는 경고가 나오고 있다.
치료 불가능한 전염병이 퍼져 아예 바나나가 멸종돼
다음 세대는 바나나의 맛을 모르게 될 수 있단 이야기도 나온다.

바나나 전염병으로 인한 대혼란,
이른바 '바나나겟돈(Bananageddon)'을
과연 인류는 막을 수 있을 것인가.

자료제공 (주)형설앤

바나나겟돈
Bananageddon

(신파마나병은)
규모가 크고 전파가 빨라
아프리카 대륙 확산과
중남미 상륙은 시간문제

- 기초과학연구원 -

바나나를 못 먹게 된다고?

일본 NHK에서 '바나나가 사라질 수 있다'는 충격적인 뉴스가 나왔다. 곰팡이균으로 인해 바나나 나무가 시들어 버리는 '신파나마병'이 동남아에서 유행하고 있는데, 특히 필리핀 최대 바나나 산지인 민다나오섬의 5분의 1이 이병에 감염돼 생산량도 20% 이상 줄었다고 했다. 그런데 더 큰 문제는 현재이 병을 막을 만한 마땅한 대책이 없어, 5~10년 후 세계의 식탁에서 바나나가 사라져버릴 수 있다는 것이었다.

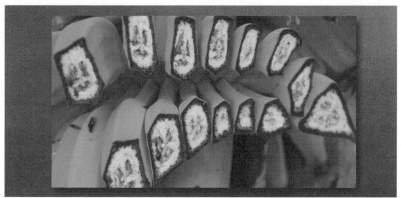

이제는 사라져버린 '그로 미셸' 바나나

이처럼 멸종 우려까지 나오는 것은 이미 한 차례 비슷한 경험이 있기 때문이다. 원래 1960년대까지 전 세계에서 재배되던 바나나는 '그로 미셸'이란 종이었다. 그런데 곰팡이가 물과 흙을 통해 뿌리를 감염시키는 '파나마병'이 퍼지면서 전 세계 농장에서 바나나가 말라 죽기 시작했다.

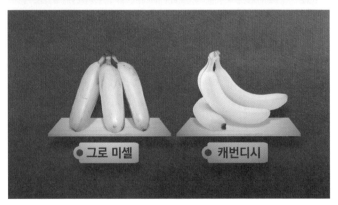

1920년대에는 이런 병으로 브라질의 바나나 농장이 심각한 타격을 입자 미국 내에선 이러다 바나나가 완전히 사라질 수 있다는 공포가 퍼졌다. 'Yes, We have no bananas(우리는 바나나가 없다)'는 노래가 나와 인기를 끈 것도 이런 이유였다고 〈워싱턴포스트〉가 보도한 바 있다.

결국 '그로 미셸'은 병마에 시달리다 1965년 상품화가 완전히 중단됐다. 다행히 바나나 농가들은 파나마병에 잘 견디는 '캐번디시'라는 품종을 발견해 전 세계적으로 보급했다. 과거에 먹던 '그로 미셸'은 멸종까지는 아니지만 지금은 거의 찾아볼 수 없게 된 건데, 맛과 향 면에서 '캐번디시'보다 '그로 미셸'이 훨씬 좋았다고 한다. 지금 세대는 맛과 향이 우월한 이 바나나를 애초부터 맛볼 수 없었던 셈이다.

그런데 1990년 파나마병의 변종인 신파나마병이 대만과 필리핀 지역에 나타나면서 구원투수인 캐번디시마저 위험에 처하게 됐다.

_____**유전적으로 돌림병에 취약한 바나나**

다른 과일은 병이 한번 돈다고 해서 종 자체가 위협받는 일은 없는데 바나나는 유독 예외다. 이는 독특한 재배 방법 때문이다. 원래 야생 상태의 바나나는 크고 딱딱한 씨가 가득 차 있어 먹기가 아주 힘들다. 그러다 씨가 없는 돌연변이가 나타나면서 이를 개량해 식용으로 만들었던 것이다. 그런데 바나나는 본래 나무라기보다 '여러해살이 풀'이다. 그래서 한번 수확하고 나면 밑동을 잘라 다시 줄기가 자라게 하는 방식으로 키운다. 농장을 조성하기 위해 새로 심을 때도 뿌리만 잘라 옮기면 된다. 씨로 번식하는 게 아니다 보니 한

바나나 구하기
컨소시엄
Banana Saving
Consortium

농장에 유전적으로 똑같은 바나나 나무들만 있어 병충해가 한번 휩쓸면 전멸당할 가능성이 높아진 것이다.

인류가 캐번디시를 찾아냈던 것처럼 또 병충해에 강한 다른 종을 찾아내면 되지 않을까? 실제 '다음 세대도 바나나를 먹을 수 있게 하자'는 취지로 '바나나 구하기(Banana Save) 컨소시엄'이 국제적으로 조직되어 있다.

이 컨소시엄의 연구 방향은 두 가지다. 기존에 있는 품종을 대체할 품종을 찾아내는 것과, 캐번디시를 개량해 병충해 저항성을 가지게 하는 것이다. 하지만 "아직까지 전 세계적으로 캐번디시를 실질적으로 대체해 생산할 수 있는 품종은 없다"라는 게 기초과학연구원 유전체교정연구단 윤재영 연구위원의 이야기다. 아직 뾰족한 성과가 없는 상황에서 지금이라도 갑자기 전염병이 퍼지면 바나나가 지구상에서 사라질 가능성도 있는 것이다.

지금 신파나마병은 동남아 일부 지역에 머물고 있는 상황이다. 하지만 전염병은 결국 사람이 옮기는 건데, 사람의 이동 자체를 막을 수 없기 때문에 아프리카나 중남미로 퍼지는 건 시간문제라는 게 전문가들의 지적이다. 그 래서 '최후의 전쟁'을 뜻하는 아마겟돈과 합쳐, '바나나겟돈(Bananageddon)'이 조만간 펼쳐질 수 있다는 경고도 나온다.

우리 다음 세대가〈검정고무신〉의 기영이처럼 바나나 한 쪽 먹고도 감격 하는 상황이 돌아오지 않도록, 빨리 연구 성과가 나타나길 바라는 마음이다.

'진실의 집'을 짓는 마음으로

"팩트체크였습니다, 수고했습니다."

손석희 앵커의 마무리 멘트가 끝나면, 드디어 긴 하루가 끝이 난다.

스튜디오 부조종실에서, 사무실 모니터 앞에서, 퇴근하는 지하철 안에서, 각각 다른 공간에서 방송을 지켜보고 있던 팩트체크 팀원들은 그제야 안도의 한숨을 내쉬며 메신저 창을 통해 서로를 격려하는 인사를 나눈다.

고생하셨어요!

오늘 그 CG 멋졌어요~

트위터 반응 좋은데요!

다들 고생했어. 푹 쉬고 내일 봅시다.

아침부터 밤까지 이어지는 고단한 일정 속에서, '팩트체커'들을 버티게 해주는 건 그렇게 서로를 향한 감사와 격려다. 방송은, 결코 혼자서는 만들 수 없기 때문이다.

300채가 넘는 '진실의 집'을 지으면서

2014년 9월, 팩트체크가 시작되던 무렵과 거의 비슷한 시기부터 경기도 파주에 작은 집을 짓는 작업을 시작했다. 설계부터 준공까지 1년여에 걸친 긴 여정이었다. 그 과정에서 선명하게 배운 것이 있다면, 집을 짓는 데 정말 많은 사람들이 노력을 보탠다는 사실이다. 팩트체크 방송을 만드는 과정과 비슷했다.

설계사들과 함께 고민해서 집의 설계도를 만들고, 도면을 바탕으로 터를 다지고, 철근으로 뼈대를 잡고, 콘크리트를 부어 구조물을 만든다. 단열작업과 방수작업, 벽에 페인트를 칠하는 공정을 거쳐 창문을 붙이고 지붕을 씌운다. 수도와 전기, 보일러 시설도 설치해야 하고, 전기설비 작업과 가구를 짜서 넣는 세부 인테리어까지 수많은 공정이 기다린다. 이 과정에서 어느 한 공정이라도 호흡이 맞지 않으면 집에 문제가 생기고 하자가 발생한다. 자칫하면 모든 걸 처음부터 다시 해야 하는 경우도 있다.

팩트체크를 만드는 과정도 함께 호흡을 맞춰 '팩트의 집'을 만들어 가는 공정이다. 아이템을 찾고, 기사의 흐름을 구성하고, 세부적인 내용을 취재하고, 전문가들의 조언을 들어 녹취하고, 이를 다시 영상과 CG로 구현하고, 마지막에 손석희 앵커와 김필규 기자의 퍼포먼스를 통해 완성한다. 시청자들은 완성된 집 전체의 모양을 보지만, 바닥부터 서까래까지 하나하나 팀원들의 땀과 시간이 스며들어 있다.

아이템을 총괄하고 방송을 책임지는 팀장 김필규 기자, 방송 흐름을 함께 만들고 심층 취재를 담당하는 나와 차지혜 작가, 영상을 고민하고 화면을 구성하는 이진우 피디, CG를 통해 어려운 내용을 정리하는 이지원 디자이너, 신속한 자료 조사로 늘 큰 힘이 되는 오지현·이승주 리서처 그리고 짧게 스쳐 지나는 인연에 그치지 않고, 세부 자료를 찾아 정리하는 데 큰 힘을 보태준 역대 인턴기자들, 박의연·박윤정·석혜원·김정현·설지연·이진영·하휘준·노지현·임춘한·김민경·김안수(이 중에는 벌써 언론사 시험에 합격해 기자로 활동을 시작한 이들도 있다).

매일 새로운 문제를 다뤄야 하는 팩트체크는 매일 집 하나를 새로 짓는 여정과도 같다. 날림공사, 부실공사는 절대 허용되지 않는다. 호흡 잘 맞는 팀원들이 함께 머리를 맞대지 않았다면 팩트체크는 벌써 무너져 버렸을 것이다. 그렇게 어느새 300채 넘는 '진실의 집'을 지었다. 저널리즘의 본령이 흔들린다는 걱정이 여기저기서 터져나오는 시기. 정파와 목적을 위해 재단한 제멋대로의 사실이 아니라, 오직 진실만을 향한 노력이 인정받을 수 있는 세상을 위해서, 내일 아침도 팩트체크 팀원들은 새로운 기둥을 세우기 시작할 것이다.

임경빈 방송작가,
'팩트체크' 메인 작가

나가며

'팩트체커'의 하루

07:30 **조간과 SNS 체크**

팩트체커들의 하루 시작은 눈 뜨면서부터다. 전날 미리 아이템을 정하지 못한 날에는 더 일찍 그럴 수밖에 없다. 먼저 스마트폰의 '조간신문 모아보기' 탭을 통해 주요기사들을 훑어 보면서 어떤 기사들이 얼마나 화제가 됐는지 살펴본다. 트위터와 페이스북도 중요한 체크 포인트이다. 특정 이슈를 가장 빠르게 생성하고 소비하는 건 역시 소셜 미디어다. 현재 폭넓게 퍼지고 있는 루머들도 있지만, 간혹 전문가들이 올린 글에서는 중요 현안에 대해 미처 생각하지 못했던 새로운 시각을 얻기도 한다. 이렇게 각자 확인한 내용, 떠오른 아이템 후보들은 팩트체크 업무용 메신저에 모두 올라간다. 서로의 아이디어에 살을 붙이고, 코멘트를 달다 보면 다룰 만한 아이템과 버릴 아이템이 자연스럽게 구분된다.

`10:00` 아침 회의와 팀 회의

그날 아이템은 김필규 기자가 보도국 편집회의에 가지고 들어가 발제한다. 정치부, 사회1·2부, 경제부, 문화스포츠부 등 각 부 부장들이 그날의 기사 거리를 가지고 들어와 한정된 런다운(뉴스 생방송을 위한 순서표) 안에 자기 부서

의 기사들을 넣기 위해 경쟁한다. 팩트체크는 이와 달리 매일 5분 이상의 고정된 시간이 주어져 있다. 시간을 얻기 위해 경쟁을 할 필요는 없지만 그만큼 부담감은 더 크다. 그 시간만큼의 시청자 반응, 내부 평가, 시청률 모두 오롯이 팩트체크 팀의 몫이기 때문이다.

11:00 팩트체크 팀 1차 아이템 회의

보도국 편집회의와 손석희 앵커의 의견이 모아져 그날 아이템이 결정되면 팩트체크 팀끼리의 1차 아이템 회의가 진행된다. 임경빈 작가, 차지혜 작가, 오지현 리서처, 이승주 리서처가 참석한다. 2015년 말부터 팀 내 취재인력이 이렇게 구성됐는데, 이제는 서로 눈빛만 봐도 다음 취재를 어떻게 진행할지 파악할 수 있는 수준이 됐다. 오늘의 아이템을 어떤 식으로 전개시킬 것인지

정리하는 게 1차 회의의 핵심이다. 도입부 구성, 문제제기 방식, 기사의 무게 중심과 결론 제시 방식까지 전체적인 흐름을 잡아본다. 어떤 것은 논문을 인용하고, 어떤 부분은 전문가의 코멘트를 직접 받을 것인지에 대한 취재 계획도 이때 수립한다.

`12:00` 점심식사 겸 회의

하루 종일 바쁘게 움직여야 하기 때문에 점심시간만큼은 여유 있게 보내고 싶은 마음이다. 하지만 식사에서 간단한 커피 한 잔으로 이어지는 동안에도 수시로 오늘 아이템과 관련된 토론이 끼어든다. 1차 아이템 회의 때 미처 정리하지 못했던 아이디어들이 식사 중에 튀어나오기도 하고, 그러면 그 자리에서 저마다 스마트폰을 꺼내 자료 검색을 하기도 한다. 과히 아름다운 모습은 아니지만 이제는 모두 익숙해진 패턴. 팩트체크를 한 지 2년이 다 되어 가지만 여전히 익숙함을 즐길 수 있는 단계에는 오지 못했다.

`13:00` 본격적인 취재, 그리고 기사 작성

점심 식사가 끝나면 팀원 모두 불꽃 같은 취재에 들어간다. 과거 기사나 외신을 찾고, 관련 논문을 분석하고, 국회 속기록을 뒤지면서 동시에 전문가나 관련자들의 연락처를 수소문해 전화를 돌린다. 모두 열정이 대단하기 때문이기

도 있겠지만, 그날 저녁 무조건 나가야 하는 방송이다 보니 이렇게 치밀하게 취재를 해놓지 않으면 곧 방송사고로 이어진다는 두려움 때문에 속도를 낼 수밖에 없다. 취재한 내용을 메신저에 올려 놓으면, 김필규 기자가 이를 바탕으로 기사 초안을 작성한다.

16:30 2차 CG 및 영상회의

기사 초안이 작성되면, 이진우 피디와 이지원 그래픽 디자이너가 회의에 합류한다. 본격적으로 방송의 모양을 만들기 위한 회의다. 기사 초안을 함께 리뷰하면서, 빠진 내용이나 추가로 들어가야 할 내용도 찾아낸다. 이진우 PD와는 기사내용에 맞춰 어떤 영상을 보여주면 좋을지 결정한다. 코너 특성상 난무하는 각종 데이터들을 CG를 통해 알기 쉽게 구현하는 것도 관건이다. 기사의 내용에 맞춰 어떤 형태의 그래프를 사용할 것인지, CG에 어떤 식의 움직임을 줄 것인지, 이지원 디자이너와 함께 고민한다.

17:30 기사 보완 및 저녁식사

영상·CG 회의를 하고 나면 기사에서 보완해야 할 부분이 명확해진다. 자료가 더 필요한 경우에는 추가 취재에 들어가고, 이를 바탕으로 기사의 밀도를 높인다. 마무리가 순조롭다면 함께 저녁식사를 하러 나갈 수 있지만, 사실 그런 날은 많지 않다. 도시락이냐 김밥이냐 햄버거냐, 짧은 고민의 시간을 거친 뒤 후반 작업에 돌입한다.

`19:30` 방송 분장 및 CG 내용 확인

김필규 기자는 분장실로, 작가진은 CG실로 향한다. 방송준비를 위한 최종단계라고 할 수 있다. 특히 CG에 대한 꼼꼼한 확인은 여러 번 강조해도 지나치지 않다. 회의에서 논의한 내용이 충실히 반영됐는지, 데이터가 틀렸거나 오탈자는 없는지 하나하나 확인한다. 사소한 맞춤법이라도 CG가 틀리면 뉴스의 신뢰도를 떨어뜨릴 수 있기 때문이다. 무엇보다 손석희 앵커가 방송 중 그 자리에서 CG 오류를 직접 지적할 때도 있기 때문에 더 신경을 써야 한다. 팩트체크 코너는 100% 라이브다. 리허설을 해볼 수 있다면 좋겠지만 제작 공정상 그럴 시간도 없고, 1시간 30분짜리 뉴스 전체를 준비하고 있을 앵커에게 연습해 보러 잠깐 내려와 달라고 말하기도 쉽지 않은 일이다. 결국 분장을 마친 김필규 기자가 이진우 피디와 컴퓨터 화면 앞에서 비디오 월에 얹힐 CG를 확인해 보는 정도로 준비는 끝이 난다.

`20:00` 온 에어, 그리고 또 다른 준비

손석희 앵커의 오프닝 멘트와 함께 〈뉴스룸〉이 시작된다. 팩트체크는 보통 밤 9시를 조금 넘은 시간에 시작한다. 방송까지 한 시간 정도의 여유. 팀원들은 그 시간 동안 내일은 어떤 아이템을 할지, 또 다시 고민에 들어간다. 업무의 시작과 끝이 명확하게 구분되지 않는 것도 팩트체크팀이 고된 이유 중 하

나다. 드디어 경쾌한 시그널 음악과 함께 팩트체크가 시작된다. 손석희 앵커와 김필규 기자의 질의응답 방식으로 5~7분 정도 진행되는데, 포털 사이트와 SNS에서는 실시간으로 반응들이 올라 온다. 하루 종일 진행된 강행군에 진이 쪽 빠진 상태지만 '수고했다'는 격려, '역시 팩트체크'라는 반응을 보면 하루의 피로가 방송과 함께 씻겨 내려가는 기분이다.

"고생 많으셨습니다~", "오늘 방송 재밌었어요!", "시청자 의견 좋네요."

팩트체크 코너가 끝난 후 업무용 메신저에는 이렇게 서로를 격려하는 팀원들이 메시지가 곧바로 올라온다. 이 메시지들이 오늘을 마감하는 신호다. 길었던 팩트체커들의 하루는 이제야 끝이 난다.

하지만 끝은 또 다른 시작과 연결된다. 내일 아침이 밝으면, 우리는 또 다시 드넓은 정보의 바다에서 확인해야 할 '팩트들' 사이를 헤매야 한다. "그런데 그 얘기, 진짜야?"라고 궁금해 하는 시청자가 있는 한, 팩트체크를 멈출 순 없으니까.

'진실을, 오직 진실만을' 전하기 위해 뛰어야 하니까.

팩트체크 제작에 참여한 사람들

김필규 기자

임경빈 작가

차지혜 작가

이진우 피디

이지원 디자이너

오지현 리서처

이승주 리서처

세상을 바로 읽는 진실의 힘
팩트체크 경제·상식 편

초판 1쇄 2016년 7월 28일
    5쇄 2017년 6월 8일

지은이 JTBC 뉴스룸 팩트체크 제작팀

발행인 이상언
제작총괄 이정아
편집장 한성수
책임편집 조한별
디자인 [★]규

발행처 중앙일보플러스(주)
주소 (04517) 서울시 중구 통일로 92 에이스타워 4층
등록 2008년 1월 25일 제2014-000178호
판매 1588-0950
제작 (02) 6416-3950
홈페이지 www.joongangbooks.co.kr
페이스북 www.facebook.com/hellojbooks

ⓒ JTBC, 2016

ISBN 978-89-278-0782-7 03300